«Muy rara vez ⟨...⟩ al descubierto tu⟨...⟩ar los demonios i⟨...⟩ por años. Eso es lo que pasa cuando lees *Tu dragón interior*. Este perspicaz libro aborda la crisis que afecta a millones de hombres que crecieron sin un papá en su casa. Si creciste sin un papá o si simplemente quieres ser un mejor padre, este es un dragón del que querrás adueñarte. El libro te recordará el papel tan importante que juegan los papás terrenales y cuánto necesitamos al Padre que está en los cielos».

—Revista *New Man*

«Don Miller es un escritor avezado que en el transcurso de dos párrafos puede matarte de la risa y ponerte a llorar. Aunque dirige sus palabras a quienes han sentido en carne propia el dolor de no tener un padre que les guíe; también me habla a mí como papá y me recuerda no muy sutilmente la gran responsabilidad que tengo para con mis hijos. Si quedó con más ganas del estilo de Don en *Tal como el jazz* o *Searching for God Knows What*, no se pierda lo que ha hecho con John MacMurray en *Tu dragón interior*. Estos tipos son pistoleros de reacción instantánea que apuntan directo al corazón... y no fallan».

—Ernie Johnson Jr.,
anfitrión de la NBA en la cadena TNT

«Este libro es un Miller clásico. Una vez más Donald abre su corazón y lo deja sangrar con honestidad».

—Tim Cash, ex jugador profesional de béisbol;
director nacional de Unlimited Potential, Inc.

Tu dragón interior
REFLEXIONES SOBRE UNA CRIANZA **SIN PADRE**

DONALD
MILLER
Y JOHN MACMURRAY

Publicado por
GRUPO NELSON
Una división de Thomas Nelson Publishers
Desde 1798

www.gruponelson.com

Título en inglés: *To Own a Dragon*
Copyright © 2006 por Donald Miller y John MacMurray
Publicado por NavPress
P.O. Box 35001, Colorado Springs, CO 80935
www.navpress.com

Traductor: *John Bernal*
Tipografía: *MarysolRodriguez.org*

ISBN-10: 0-88113-407-4
ISBN-13: 978-0-88113-407-0

*DEDICADO A LOS HOMBRES QUE SIRVEN COMO MENTORES
A OTROS MÁS JÓVENES.*

CONTENIDO

PRÓLOGO

Nunca antes he escrito un prólogo, pero supongo que aquí es donde el autor explica las carencias del libro y pide la simpatía del lector. Lamento que este libro sea deficiente en muchos sentidos. Si te ayuda saber que lo escribí de un solo saque en un vuelo de Pittsburg a Los Ángeles, por favor, ten esto en cuenta. No es cierto, pero de repente te sirve pensarlo.

También quiero decirles algo a las mujeres que quieran leer este libro. Me alegra que nos acompañen y son más que bienvenidas, pero tendrán que aceptar mis disculpas porque el texto va dirigido a criaturas mucho menos complacientes. No es que crea que las mujeres se vean menos afectadas por la ausencia de un padre, sino que me he apoyado únicamente en la experiencia personal. Todos estaríamos de acuerdo en que la inclusión de la población femenina habría sido por motivos financieros y no por una exploración personal del asunto. Habría podido vender más libros pero hubiera puesto al descubierto el hecho de que no sé nada sobre las mujeres, excepto que huelen exquisito. La decisión de alcanzar a la población masculina explicará el vocabulario simple, los capítulos breves y el humor de baño. Solamente espero que al toparse con este último, ustedes sean honradas al recordar que no habría sido tan ofensivo de saber que iban a hacerse presentes.

Debo aclarar algo en cuanto a la voz del libro y el método que John y yo utilizamos. Fue mucho lo que aprendí tras vivir cuatro años con John y su familia. Al pensar en qué decirles a los hombres jóvenes que crecieron sin padres, me apoyé en muchos de los principios que aprendí de él. Para la elaboración de este libro, John y yo nos pusimos a hablar de los temas y yo escribí cada capítulo con esas charlas frescas en mi mente. La voz podrá ser mía, pero la sabiduría es toda suya.

Por lo demás, para mí ha sido terapéutico poner todo esto por escrito. Un escritor aprende más de lo que investiga que el lector, y con frecuencia aplica las perspectivas una vez que el libro queda terminado. Así de aprovechados somos los escritores. En cuanto a mi restauración, espero que algo parecido a la experiencia que tuve al escribir este libro te suceda con su lectura. Para John y yo es muy significativo que hayas querido pasar tiempo con nosotros, y te lo agradecemos.

Donald Miller

Capítulo 1

LOS SUBSTITUTOS:
TENEMOS HOMBRES CAÍDOS

En ausencia de un padre de verdad, conté con un desfile de personajes que en ocasiones fueron disparatados, vergonzosos, perfectos, bondadosos y sabios. Los presento a continuación.

Mi primer papá fue un hombre negro de la televisión que se ponía sacos tejidos con rombos de colores. Vivía en Nueva York o Chicago, no recuerdo cuál de las dos, era superinteligente y tenía una esposa espectacular. Me refiero a Bill Cosby. Cuando era niño, yo quería ser Theo Huxtable. Me gustaba su manera de vestir. Me gustaba lo confiado que era con las mujeres y, aunque no sacaba buenas notas, siempre se sentía a gusto consigo mismo; tenía hermanas bonitas mayores y menores que él que siempre lo animaban y le daban consejos sobre la vida; además de una tensión sana entre lo masculino y lo femenino. También me gustaba que Bill Cosby tenía plata, muchos billetes a la mano y ciertas filosofías acerca de ahorrar y gastar que brindaban una sensación de seguridad a la familia, lo cual estimulaba mucho a su espectacular esposa y la ponía a canturrear melodías lentas y apasionadas de *blues* —desde la cama— mientras él se cepillaba los dientes en la alcoba principal. Bill Cosby nunca caía presa del pánico ni se enojaba por trivialidades como ventanas rotas o cereal en el piso, y si llegaba a sulfurarse se parecía más a un cómico en su rutina que a un borracho desquiciado. Además se sabía reír de sí mismo, y eso lo volvía atractivo. Yo me sentaba frente al diminuto televisor en blanco y negro de mi cuarto e imaginaba mi vida a través de la fantasía de los Huxtable, que en algunos episodios eran visitados por personajes famosos que venían a tocar el trombón o a danzar con tacones.

Debo aclarar que mi mamá era estupenda, pero las únicas visitas a nuestra casa eran del grupo de solteras de la iglesia, y ninguna de ellas trajo un trombón para tocar: «Cuando los santos marchen ya» ni danzó con tacones en la sala ni recitó partes de prosa épica sobre el ferrocarril subterráneo en el que «nuestra gente» se desplazó de la opresión y la esclavitud a la libertad. No, lo que hacían las visitas en nuestra casa era comer albóndigas en platos desechables y hablar con amargura sobre sus ex esposos.

También me gustaba que en *El show de Cosby* nunca se dieran conflictos serios. Por ejemplo, cuando Theo se graduó de la universidad el conflicto consistió en que la familia apenas tenía diez boletos para la ceremonia de graduación. Bill quería invitar a todo el vecindario y todas las damas lo miraron con desaprobación, porque el amor de Bill Cosby por su familia siempre lo metía en líos. Las señoras sacudían la cabeza y se reían, él hacía una mueca chistosa y Theo levantaba las manos, miraba al techo y exclamaba: *¡Eres el colmo, papá!* ...De vuelta en mi cuarto, yo rodaba por el piso, me quedaba mirando al techo, suspiraba y decía en un susurro inaudible: *Los negros se la saben todas.*

Los blancos también tenían padres interesantes, pero nada digno de salir en una serie de televisión. Cuando estaba creciendo mi amigo Tom tenía un padre, y de su experiencia aprendí que un padre en el mundo real no tiene cantantes de jazz que interpreten un par de canciones en la sala antes de la cena, y que las familias reales con papás de carne y hueso no interpretan los éxitos de Motown ni dan discursos en graduaciones universitarias. En lugar de eso, los padres de verdad, o al menos en el hogar de Tom, limpian armas de fuego mientras ven televisión, fumigan y fertilizan el césped con una mano mientras sostienen una cerveza con la otra, y le pellizcan el trasero a la esposa mientras ella cocina y lava los platos. Debido a mis observaciones del padre de Tom, y a que veía *El show de Cosby* con la devoción de un musulmán, llegué a creer que se suponía que el papel del hombre en el hogar era armar y desarmar pistolas y rifles, hacerle avances sexuales a la matriarca, entablar diálogos complicados y amenos con los hijos sobre por qué deberían limpiar sus cuartos y, por encima de todo, estar siempre frente a la cámara, así la familia entera tuviera que sentarse en un lado de la mesa durante la cena.

———

MI MADRE FUE la única mujer-padre en mi tropa de niños exploradores, y Dios sabe cuánto se propuso serlo. Lo cierto es que no tenía la más remota idea de lo que hacía. Una vez tuvimos una carrera con carritos de madera que debíamos diseñar a partir de un tronco de pino, luego ponerlos en una rampa y competir con los otros niños que habían fabricado su propio carrito de madera. Llegué de último. La noche en que hicimos los carritos mi mamá me dejó en la casa de los encargados de la manada, confiada en que alguno de los papás que estaban en el garaje fabricando los carritos de sus hijos también me ayudaría con el mío. Ninguno lo hizo. Tampoco me importó. Yo sólo quería hacer hoyos en la rampa de concreto con un taladro inalámbrico. Creo que mi carrito ni siquiera tenía rueditas cuando llegó el momento de competir, sólo un montón de aceite por debajo del pedazo de madera y una raya en cada lado como el carro de *Los duques de Hazzard*.

La noche de la carrera, había unos cien niños exploradores y doscientos mamás y papás junto a ellos, y mi bloque de madera se deslizó por la rampa a baja velocidad hasta que se detuvo abruptamente cuando llegó a la parte plana de la rampa. Todos se quedaron callados. Yo me paré, me puse las manos en la cintura y dije sacudiendo la cabeza: *Este dichoso General Lee se descompone todo el tiempo*. Mi mamá se alteró mucho por el incidente pero yo ni cuenta me di. Recogimos al General Lee y nos fuimos temprano, después que mamá propinó palabras fuertes a los hombres encargados de nuestra manada, quienes también le reclamaron por la rampa de un garaje que quedó llena de hoyos de taladro.

Mamá no se dio por vencida. Le pidió al hijo del que nos arrendaba la casa, que se la pasaba fumando marihuana, que me llevara al campamento de niños exploradores para padres e hijos. Se llamaba Matt y conducía un Volkswagen rojo, oía la música de Lynyrd Skynyrd y terminaba cada frase con la pregunta: «¿Me entiendes, viejo?» Era muy bueno, pero creo que se sintió fuera de lugar con los demás padres porque eran mayores que él unos veinte años en promedio, conducían camionetas o minivans, eran casados y casi nunca fumaban marihuana ni oían la música de Lynyrd Skynyrd.

Creo que ambos nos sentimos como peces fuera del agua en el campamento para padres e hijos. Al fin de cuentas, nos habíamos visto una sola vez cuando Matt vino a cambiar los bombillos del patio y el pórtico.

«Oye, pequeñuelo», me dijo desde arriba en la escalera, «¿sabes cómo puedo poner un bombillo nuevo si este ya tiene uno? ¿Me entiendes, viejo?»

En la última noche del campamento nos sentamos alrededor de una fogata y los papás relataron un recuerdo favorito con sus hijos. Cuando le tocó el turno a Matt para hablar de mí se quedó callado un minuto. Como dije, Matt y yo habíamos pasado muy poco tiempo juntos antes del campamento. Yo busqué en mi memoria cualquier tipo de recuerdo y pensé en hablar sobre aquella gran ocasión cuando él cambió los bombillos, cómo había tenido que mover la escalera un par de veces y cómo le ayudé operando el interruptor. Sabía que era una historia aburrida, pero se me ocurrió adornarla añadiendo que ambos habíamos recibido descargas eléctricas y tuvimos que resucitarnos el uno al otro.

Cuando Matt por fin rompió el silencio tras escarbar alguna escena memorable, contó la historia de nuestro viaje *hacia* el campamento, de cómo hicimos una parada en McDonalds y nos tocó empujar el escarabajo para que arrancara, y de cómo tocamos guitarra eléctrica en el aire y sacudimos nuestras cabezas sobre el tablero del carro al son de «Sweet Home Alabama».

—Los buenos tiempos con nuestros hijos, o con los hijos de nuestros vecinos son importantes, ¿me entienden, viejos? —dijo Matt a los padres que tenían cara de confundidos. Yo asentí con la cabeza.

—Te entiendo muy bien —dije para romper el incómodo silencio.

—Claro que me entiendes, Doug —dijo dando un resoplido y frotándome la cabeza.

—Don —dije para corregirlo—, me llamo Don.

—Claro que sí, pequeñuelo —dijo con desconcierto en la mirada.

Al caer en cuenta de que sus anécdotas no tenían el efecto deseado, Matt empezó a contarnos cómo se las arregló para besarse con una porrista en el cuarto de mantenimiento cuando estaba en la secundaria. Otro padre lo interrumpió antes que entrara en más detalles y la manada de impúberes hizo un gruñido colectivo de protesta, pero Matt terminó la historia al día siguiente mientras hacíamos fila para meternos a una canoa. Al parecer, el olor de amoníaco todavía era como un afrodisíaco para él.

———

MATT FUE UN BUEN TIPO, pero no un guía en el sentido paternal. Poco después del campamento se fue al ejército, así que nunca aprendí las cosas importantes que él sabía, como la manera exacta de lograr que la chica fuera con él al cuarto de mantenimiento y le correspondiera el beso, o cómo conducir durante dos años sin licencia.

El siguiente tipo fue más paternal aunque recto como una flecha y eso fue bueno para variar, aunque le faltaba un tornillo. Se llamaba Kiplin y asistía a nuestra iglesia. Le gustaba volar aviones a control remoto en un potrero. Al principio fue emocionante, por lo menos por los primeros veinte minutos, pero nunca me dejó controlar el avión. Se quedaba ensimismado, luciendo una especie de gorro militar que debió conseguir en Vietnam, y los ojos se le agrandaban como planetas cuando hacía que el avión bajara en picada y atravesara el terreno, mientras hacía ruidos de bombardeo con la boca.

«¿Viste eso Donald?» me preguntaba. «Derribó a los comunistas», solía decirle yo mientras miraba como buscando un frisbee o algo para entretenerme. Cada dos minutos le preguntaba si me dejaba controlar el avión, pero siempre me decía que tal vez en la próxima ocasión, de repente unos cuantos segundos en la próxima salida que tuviéramos. Tuve que soportar tres fines de semana con bombardeos de simulacro sobre el delta del Mekong antes que cediera a mi acoso y me dejara sostener el control en mi mano. En menos de ocho segundos logré estrellar el aparato contra un árbol, y el señor Kiplin pegó un alarido desde la distancia y gritó: «Tenemos hombres en el suelo, ¡tenemos hombres caídos!»

Durante todo el viaje de regreso me aleccionó sobre las clases de tortura que un piloto capturado debe soportar, y tras el incidente nunca volvimos a pasar tiempo juntos.

––––––

EL SIGUIENTE TIPO fue una mejora enorme, justo lo que necesitaba de figura paterna provisional. Era el pastor de jóvenes en mi iglesia y empezó su labor al mismo tiempo que yo empecé la secundaria. Se llamaba David Gentiles, y como la mayoría de los apellidos se derivan de la ocupación de nuestros ancestros, supuse que David venía de una pequeña comunidad dedicada a diferenciarse cortésmente de los judíos. David nunca pudo confirmar mis sospechas, pero yo le dije que ese podría ser el caso. Como vivía a unas tres cuadras de la iglesia, yo solía visitar a David en su oficina. Me sentaba frente a su escritorio y hablaba con él sobre noticias del mundo, deportes, el clima y las chicas, mientras buscaba gomitas para dispararle mientras trataba de estudiar la Biblia. Cuando encontraba lápices los clavaba en el techo falso, y todo el tiempo le explicaba las muchas maneras en que podría arreglar su oficina. David nunca me pidió que lo dejara en paz, y ahora que lo pienso no se me ocurre por qué. O bien le gustaba mi compañía, o era un buen actor. El caso es que le gustaban mis ideas y asentía con la cabeza cuando le decía que no necesitaba un escritorio, que hiciera como Ronald Reagan que trabajaba de pie, así su oficina tendría espacio para un hoyo de golf y para la máquina que devuelve las pelotas que no caen en el hoyo.

Acostumbraba sentarme a mirar los libros que David tenía en su estante, haciendo preguntas inteligentes y sagaces sobre cada uno.

—*¿De qué trata ese libro acerca de la Guerra Civil?* —decía yo.

—*La guerra civil* —me contestaba.

—*¿Y aquel sobre Abraham Lincoln?*

—*Ah, ese es un libro con recetas de cocina nada más* —me decía.

Tras inquirir sobre veinte o más libros suyos, me preguntó si me interesaban los libros. Le dije que no sabía nada de ellos, que el problema con la mayoría de los libros es que eran demasiado largos. Después me mostraba unos de poesía que eran más cortos, y eso me gustaba. David dijo que a las chicas les fascinaba el tema. Fui a casa y leí mucha poesía, memoricé un par de poemas y creo que eso lo dejó muy impresionado. Más adelante me preguntó si alguna vez había pensado en escribir. Me dijo que tenía facilidad para entender poesía y quería saber si me interesaría escribir un editorial para el boletín del grupo de jóvenes.

—Te he visto madurar mucho, Don —dijo mientras pasábamos por un corredor de la iglesia—. Tienes un buen dominio del lenguaje, y tu vida espiritual se ha desarrollado de manera única y, por cierto, muy bella; creo que podrías abordar la espiritualidad con delicadeza, yendo al meollo mismo de la fe. ¿Te interesaría escribir un artículo?

—¿Sabes si el Papa puede ir al baño en un bosque? —fue mi respuesta.

Pasé la siguiente semana con la nariz clavada en un diccionario pescando las palabras más difíciles y rebuscadas que pudiera encontrar, palabras como locuaz y enajenado. Iba a impresionar a David con mi inteligencia. Esta fue la primera frase de mi artículo:

«La locuacidad de la retórica beata se ha convertido en algo endógeno a los corredores de la Primera Iglesia Bautista».

El artículo trataba acerca de cómo todos en la iglesia eran tontos excepto David y yo, y luego pasaba a nombrar las diez personas más aburridas en la Primera Iglesia Bautista.

Le entregué el artículo a David y empezó a leerlo detrás de su escritorio, haciendo ruidos de lectura mental y tosiendo un poco, hasta que sus ojos se agrandaron y mandó la cabeza para atrás cuando llegó al final del párrafo. Se puso la mano en la frente y me miró desconcertado, preguntándose cómo era posible una redacción tan brillante a tan temprana edad. «Buen uso de los puntos de exclamación», dijo por fin. «Tu puntuación es impecable».

Ahora que lo pienso, creo que así fue. ¡Siempre he sido bueno para la puntuación!

Sin embargo, David procedió a explicarme amablemente que el artículo tenía cierto tono crítico negativo, y que sería mejor si escribiera sobre algo que me gustara, tal vez sobre gente que me cayera bien, o que hiciera la reseña de una película o un álbum de música, que relatara un concierto o algo que hubiera sucedido en la escuela. Le dije que todas esas eran buenas ideas, pero yo como periodista necesitaba decidir por mi cuenta sobre qué iba a escribir, y que a pesar del gran respeto que le tenía, no iba a ser un peón del hombre.

—Jamás te pediría ceder a la presión comercial —dijo David.

—Gracias —le dije mientras me eché para atrás en la silla y crucé las piernas—. No soy un aficionado de los grandes entes corporativos.

—Yo tampoco —dijo con estupor en la mirada.

Resulta que esa semana había un concurso de talentos en la escuela, y decidí entrevistar a los participantes para escribir una reseña. Me senté en la parte de atrás con cuaderno y lápiz, con la esperanza de que la gente me preguntara qué hacía con ese cuaderno o con el lápiz que tenía en la oreja, o por lo menos qué hacía con un sombrero que tenía pegada una tarjeta que decía PRENSA. Me la pasé por todas partes durante el show, recorriendo los pasillos para captar con precisión las reacciones de los espectadores. Luego fui detrás del escenario mientras un grupo llamado *Sudor de Muerto* hizo una interpretación bastante confusa de: «Pon un poco de azúcar sobre mí» que duró doce minutos, al final de la cual el cantante principal abrió una bolsa de azúcar y la echó sobre su melena negra, lo cual hizo que el rector diera por terminado el tributo musical. El cantante tuvo que limpiar el escenario con una escoba antes que salieran tres chicas a hacer una rutina de baile de la película *Flashdance*. Las chicas hicieron una rutina muy seductora usando sillas mientras unos tipos del equipo de fútbol les lanzaban agua desde los costados. Tristemente, la rutina también fue interrumpida. No obstante, logré entrevistarlos a todos. Pregunté a los del grupo de rock cuál era la metáfora del azúcar. A principios de aquella semana había aprendido qué era una metáfora, y el concepto me fascinaba. «¿Y las medias tejidas son una metáfora de qué?», les pregunté a las chicas que hicieron el *Flashdance*.

Después salió esta chica de mi grupo de jóvenes a quien había ignorado la mayor parte del año, la cual tímidamente se puso frente al micrófono y dijo: «Hola, me gustaría cantar una canción cristiana para Jesús». El lápiz se me cayó. *Es un suicidio social*, pensé. No se puede cantar una canción para Jesús en un show de talentos en la secundaria. El público hizo comentarios álgidos acerca de irse de vuelta a Mayberry, y cuando empezó el acompañamiento de piano ella hizo, creo yo, la peor interpretación de: «Si Él cuida de las aves» después de la versión en tuba de Roger Bobo del grupo Canadian Brass.

El público la pasó de lo lindo. Era como *El Gong Show*. Había gente retorciéndose de la risa en el piso, y desde atrás del escenario empecé a sentir lástima por ella, pero de repente algo extraño ocurrió en mi pecho. Me refiero a esa reacción de pelea o huida que se da cuando uno decide si va a asociarse o no con aquello, es decir, si iba a decir que nunca la había visto en mi vida, que no asistía a la misma iglesia ni adoraba al mismo Dios, o si iba a reconocerlo con un aplauso. Y aplaudí. Me refiero a que cuando ella terminó, aplaudí y lo hice de todo corazón. Me sentí bien apoyando a alguien que no tenía quién le apoyara, y cuando salió del escenario le pregunté si las aves eran una metáfora de algo. Luego le dije que había hecho un *buen trabajo* y que estaba orgulloso de ella. La chica me miró y me dio una sonrisa de oreja a oreja, pero se notaba que sentía tantos nervios como alivio. Esa noche me fui a casa y escribí un artículo diciendo que Dios tal vez había quedado medio contento con el show de talentos, y de cómo todos deberíamos estar dispuestos a hacer el ridículo por causa de Él, y que así nuestras voces suenen como un pollo metido en una jaula con una zarigüeya, deberíamos estar dispuestos a alabar a Dios con el instrumento que nos haya dado. El punto central y el broche de oro con que cerré el artículo fue:

> *A pesar de que esa noche todos los presentes abuchearon, y aunque a Mónica no deberían permitirle cantar el himno nacional en un torneo barrial de ajedrez, los ángeles del cielo aplaudieron, y las opiniones de los ángeles importan más que las de la gente porque los ángeles tienen alas y pueden volar.*

Primero le di el artículo a Mónica y me quedé parado mientras lo leía. Cuando iba por la mitad sus ojos empezaron a aguarse, al leer la tercera parte se puso la mano en la boca y al terminar me miró con los ojos más tiernos y vulnerables que uno se pueda imaginar, dejó caer las hojas y se fue corriendo por el pasillo del salón de matemáticas. En ese momento supe que tenía el don y que David Gentiles tenía razón, que yo sí podía conmover a la gente con palabras, darles ánimo y cambiar sus vidas para siempre. Claro, a Dave le pareció mejor que volviera a escribir el artículo y excluyera muchos de los adjetivos más fuertes así como la alusión al pollo enjaulado con la zarigüeya, pero el escrito no perdió poder. Recibí muchas llamadas de personas de la iglesia, y la gente me detenía en los pasillos para decirme: Buen trabajo, y que les parecía interesante lo que había dicho sobre los ángeles.

Digo todo esto simplemente para indicar que David Gentiles, que pudo haber hecho cualquier otra cosa con su tiempo, decidió dedicármelo a mí y darme la oportunidad de escribir. Fue alguien que entró en mi vida y me ayudó a creer que yo estaba aquí por un propósito y con un propósito. No creo que haya muchas cosas más importantes que esto en la infancia.

La verdad que he aprendido acerca de la vida es que uno no puede salir adelante por cuenta propia. A la gente independiente no le va muy bien. Una generación transmite sabiduría a la siguiente, sabiduría en cuanto a las chicas, la fe y la puntuación, y lo cierto es que no seremos personas tan buenas si no la recibimos.

Además, me imagino que en la vida uno va a hacer las cosas que lo hagan sentir bien con uno mismo, como alguien importante y con propósito; así como alejarse de aquellas cosas que le hagan sentir como un perdedor. Recuerdo claramente esa fase en mi vida, esa época en la que empecé a escribir, como una especie de encrucijada en la carretera. Por un lado, un buen amigo y yo acabábamos de descubrir una manera fácil y rápida de meternos en las casas para robar artículos sueltos sobre la cómoda de los dormitorios. Por otro lado tenía ese asunto de la iglesia, y no era como si yo estuviera decidiendo en qué clase de persona me iba a convertir. Más bien era como nadar en un río con dos corrientes igualmente fuertes. Fácilmente pude haber terminado en la cárcel, primero metiéndome a casas ajenas, luego enredado en malas compañías, después con las drogas y así sucesivamente. Una estadística. David Gentiles fue la persona que optó por lanzarme una cuerda de rescate. Él fue una figura paternal. La gente supone que cuando uno va nadando por un río es porque sabe en qué dirección debe ir, y me imagino que así es parte del tiempo, pero existen ciertas corrientes bastante fuertes, y es en esas corrientes donde necesitamos que alguien intervenga y nos saque para guiarnos en una dirección más segura.

Capítulo 2

NUESTRO PROBLEMA:
SER DUEÑOS DE UN DRAGÓN

Toda mi vida he sentido fascinación por lo fantástico. Te mentiría si dijera que empecé a leer a edad temprana. No empecé a hacerlo hasta la universidad, pero sí había escuchado acerca de hadas, dragones, ogros y duendes en la hora de la lectura, cuando la bibliotecaria de mi escuela primaria cruzaba sus largas piernas y permanecía en silencio hasta que todos quedáramos sentados en silencio. Después entonaba las palabras sencillas de un libro infantil mientras lo sostenía firmemente para poder darle la vuelta y mostrarnos las ilustraciones en acuarela, como la de un duende con un abrigo grande que vivía debajo de un puente, siempre alerta a los viajeros que pasaran por allí. Había un libro con dibujos de un niño que montaba un dragón entre las nubes, y la criatura resoplaba humo y fuego mientras el niño hacía que volara por encima de una aldea placentera. Recuerdo haberme preguntado qué se sentiría tener un dragón, acomodarme sobre la columna del monstruo, aferrarme a su cuello cuando despegara a volar, atravesar la imitación de cielo que relumbra sobre Houston, remontados sobre la cúpula donde el dragón y yo pudiéramos ver prender y apagar los rayos incandescentes.

Traigo esto a colación porque al poner por escrito mis pensamientos acerca de un padre, así como no tenerlo, siento como si estuviera escribiendo un libro sobre un dragón o el duende debajo del puente. Para mí un padre no es más que un personaje de un cuento de hadas. Sé que los padres no son como dragones y que existen en la vida real, pero no recuerdo haber sentido que existiera un padre para mí. Sé que son gente de carne y hueso. Los he visto por televisión y enganchando a sus mujeres con el brazo en las tiendas de víveres, así como en los centros comerciales y las cafeterías, pero siempre han sido personajes en las historias de los demás. Nunca me detuve a cuestionar por qué uno de esos personajes no vivía en mi casa. No lo digo porque sienta lástima de mí mismo, porque en cierta manera no me hace falta tener un padre más de lo que me haría falta tener un dragón. Pero en otro sentido, sí me pregunto si acaso me perdí algo importante en la vida.

Me refiero a que por diseño, por el designio de las leyes de la naturaleza, un hombre y una mujer se unen y producen hijos, y casi podría darse por sentado que el padre debe quedarse un buen rato y enseñar a los hijos cómo se parte un pavo en el Día de Acción de Gracias, o lo que sea que un padre enseña a un niño. Eso nunca me sucedió a mí, y si estás leyendo este libro es posible que tampoco te haya sucedido.

Eso nos hace preguntarnos si tener un padre —el simple hecho de verlo ahí leyendo el periódico por la mañana, fumando cigarros y jugando cartas con sus amigos, o leyéndonos un cuento antes de dormir— es necesario para entender algo, alguna noción especial que Dios quiso mandarnos desde el cielo como un regalo. Últimamente he sentido curiosidad en cuanto a qué es ese algo, y si acaso es posible que alguien lo entienda aun cuando su padre se haya ausentado por completo.

———

APRENDÍ MUCHO sobre mí mismo hace varios años mientras veía un documental sobre elefantes africanos. Eran veinticinco elefantes huérfanos que habían sido llevados a la reserva veinte años atrás. Estaban a punto de empezar su adolescencia (en años de elefante) y las chicas iban por buen camino, llevándose bien con los demás elefantes. En cambio, algunos de los muchachos estaban causando muchos problemas. El narrador habló de las frustraciones que estos elefantes sentían debido a una irregularidad en su ciclo de madurez que se manifestaba como un pus verde que les corría por la pata trasera derecha. Esta fase producía un comportamiento agresivo y violento, el equivalente a la frustración sexual en un elefante.

El narrador del documental dijo que el ciclo sexual del elefante empieza en la adolescencia y dura normalmente unos cuantos días, pero entre estos huérfanos el ciclo se había alterado y tuvo una duración larga, bastante inusual. Los elefantes dieron rienda suelta a su agresión contra unos rinocerontes que se bañaban en la alberca comunitaria de barro. Un elefante se metió lentamente a la alberca, se acercó a un rinoceronte y le atravesó el costado con los colmillos. Luego empujó con su frente la del rinoceronte y lo mantuvo bajo el agua hasta ahogarlo. Los cinematógrafos siguieron a esos elefantes huérfanos que siempre andaban solos a través del refugio de la vida salvaje sin rumbo fijo, motivados por una agresión injustificada que no podían entender. No actuaban como elefantes porque no sabían qué se suponía que un elefante debía hacer con toda su energía y su masa muscular.

Ocasionalmente, dos elefantes en celo tenían un encuentro violento y llegaban incluso a arrancar árboles de raíz en su reyerta. Cuando vi que ambos animales ensangrentados partían cada uno por su lado y solos, sin familia y sin tribu, no pude evitar identificarme con ellos. Aunque nunca he matado a un rinoceronte, bueno en realidad nunca he matado a nada ni a nadie, pero han pasado momentos en mi vida en los que no he sabido exactamente cómo ser o comportarme. Es decir, he experimentado sentimientos de rabia, depresión y lujuria que nunca he podido descifrar. Lo único que sabía era que me daban ganas de matar a alguien, de acostarme con alguna chica o de armar pleito con algún tipo en un bar, y no sabía qué hacer con esos sentimientos. La vida era una serie confusa de emociones volubles. No estaba seguro de cómo conducirme en sociedad, cómo hablarle a una mujer, cómo establecer una profesión, mejor dicho, no sabía cómo ser un hombre.

Para mí la vida era algo que uno debe recorrer a tumbos por cuenta propia. No era algo que se disfruta o conquista sino algo que le pasaba a uno sin que uno tuviera mucho que decir o hacer en cuanto al resultado final. Uno simplemente actuaba conforme a lo dictado por sus sentimientos y esperaba nunca ser sorprendido ni hallado culpable.

Sin embargo, esa noche el narrador del documental dijo que había esperanza para los elefantes. Según parece, el desarrollo paquidérmico empieza bastante temprano. Las elefantes únicamente pueden tener crías una vez cada dos años, y durante esos dos años los bebés son cuidados de forma obsesiva por las madres.

Son alimentados, protegidos, amados y guiados en su aprendizaje básico de supervivencia.

El primer ciclo sexual es el momento en que un elefante joven deja a su madre para adentrarse en el mundo salvaje de África en busca de un mentor, un guía. El pus verde que le corre por la pierna trasera y su olor a pasto recién cortado alertan a un macho de mayor edad y plenamente maduro que se trata de un elefante joven, el cual requiere orientación inmediata. Tras encontrar a su mentor, la iniciación sexual del elefante joven termina. Es así como el viejo y el joven empiezan a viajar juntos, buscar comida juntos y protegerse mutuamente. El elefante viejo le enseña al más joven para qué es la fuerza del elefante y cómo usarla en beneficio propio y de la tribu.

Mientras veía el documental me pregunté si los seres humanos no serían iguales. Empecé a preguntarme si los hombres habíamos sido diseñados para tener un padre, cuya sola presencia nos haría entender con más precisión para qué son nuestros músculos y qué se supone que debemos hacer con nuestra energía vital.

Es una inquietud válida, ¿no es cierto? Algunas estadísticas afirman que hasta el ochenta y cinco por ciento de los hombres encarcelados crecieron sin un papá. Eso me suena bastante serio.

Por eso mientras veía el documental empecé a preguntarme si acaso los que no tenemos papá cometemos errores en nuestra vida que no sucederían si contáramos con la guía de un padre. Me pregunté si no existe un paradigma mejor para nuestra existencia, una manera de ser hombres en la que cada uno de nosotros pueda adueñarse de su hombría, inculcada por algún mentor que nos hable con altruismo y autoridad. Me pregunté si aquellos que crecen con buenos papás andan por el mundo con un sentido subconsciente de que son queridos en este planeta, que pertenecen y que el mundo los necesita. También me pregunté lo siguiente: ¿Existe información práctica que debamos saber sobre los temas de trabajo, mujeres, decisiones, autoridad, liderazgo, matrimonio y familia que habríamos aprendido bien con la ayuda de un guía en nuestro recorrido por la vida? Me pregunté si algunas de las emociones confusas que tenía no eran una especie de adolescencia en suspenso de la cual me habría podido librar la presencia de un hombre mayor.

Capítulo 3

EL MENTOR:
TERRI DIJO QUE PODÍA HACERME UN EMPAREDADO

La verdad del asunto es que prefiero hacer las cosas a mi manera. Antes pensaba que la confusión que sentí al crecer sin padre, era simplemente parte de la vida, y al parecer tenía ciertos beneficios. La vida era un campo abierto y ancho. No me gustaban las personas que ejercían autoridad porque representaban barreras, y las que menos me gustaban eran los hombres mayores. Por razones que no entendía, les guardaba rencor. Sentía como si quisieran que yo me sometiera a su autoridad porque querían sentirse poderosos. Sin embargo, también quería su respeto y aprobación, y tan pronto me sentía desaprobado los empequeñecía en mi mente. Era esquizoide, parte de mí quería ser adiestrado en los caminos de la vida, supongo que era el lado mío que quería un padre; la otra mitad prefería no rendirle cuentas a nadie. Empecé a caer en cuenta de eso hace varios años cuando me mudé a vivir con una familia, la familia de un hombre que dictaba una clase para universitarios en la iglesia a la que yo asistía.

Conocí a John MacMurray en una época extraña de mi vida. Había dejado mi hogar en Houston y viajado por el país cuando se me acabó el dinero en Oregon. Conseguí un apartamento en los suburbios de Portland donde la vivienda era barata y empecé a ir a una iglesia en un pueblo de Oregon llamado Boring («aburrido» en inglés). El pueblo le hacía honor a su nombre. Tenía un semáforo, una tienda y un puesto de hamburguesas. Eso sí, tenía paisajes lindísimos con montes aledaños como el Hood y el St. Helens así como valles y ríos por doquier, pero aparte de eso nada del otro mundo. La iglesia donde iba estaba en la mitad de una granja de arbustos decorativos, flores y árboles de Navidad. Cada noviembre los árboles navideños eran talados y vendidos por cincuenta dólares a visitantes de la Florida que les colgaban luces, cantaban un par de villancicos y los veían secarse mientras untaban de resina los muebles. La iglesia estaba integrada por cultivadores de árboles, cazadores, pescadores, es decir, ese tipo de trabajo de hombres machos.

Yo nací yendo a la iglesia, crecí yendo a la iglesia y la iglesia había sido una parte importante de mi vida. Confieso que en épocas oscuras ha sido una fuente de aliento saber que existe un Dios en el cosmos que presta atención. Me había alejado de la religión en muchos sentidos, pero al mudarme a Oregon me estaba sintiendo solo y decidí reconectarme en alguna iglesia. Tenían un grupo de universitarios que se reunía en una casa refundida en un bosque, era la casa del tipo que mencioné antes. Empecé a ir a esa casa una vez a la semana.

Al principio no supe qué pensar del grupo ni de John MacMurray que era su director. Nos sentábamos en el piso de su gran sala porque aunque parecía tener dinero, no se le había ocurrido comprarle muebles a su esposa. Después de romper el hielo hablando de cualquier cosa, John se sentaba en una silla (la única en todo el recinto) y todos guardaban silencio. El lugar adquiría una atmósfera casi reverencial. Me costó un poco acostumbrarme, y no quiero dar la impresión de que el tipo fuera un gurú excéntrico, sino que cuando él se sentaba en la silla todos quedaban a la expectativa de lo que fuera a decir. Y lo primero que John decía era: «¿De qué quieren que hablemos hoy?» No es que fuera raro, y como todos lo respetaban tanto yo prestaba atención. El silencio me hacía preguntarme qué clase de persona era, si acaso iba a juntar las manos sobre su Biblia, asentir lentamente y decir algo como: «Si queremos llegar a ser grandes, debemos volvernos pequeños...» A lo cual todos habrían respondido con un suspiro de adoración y yo habría estallado de risa. Menos mal no fue así, resultó ser un tipo bastante normal y el silencio se debía a que los asistentes no querían perderse nada. Así de inteligente era el tipo. Básicamente, aparte de los retiros en los que todo lo que hacíamos era jugar cartas o ver películas, el programa para los universitarios de la iglesia consistía en sentarse mientras John nos dirigía en estudiar y hablar acerca de la Biblia.

Lo otro que debería mencionar sobre John es que al principio puede parecer un poco creído. No en un mal sentido, incluso se hace querer cuando uno se acostumbra. Este rasgo de su personalidad se debe a que creció en Philadelphia y casi todos los que crecen allá suenan como si se creyeran mejores que uno. Es cierto. Hasta los vendedores ambulantes suenan pedantes en Philadelphia. Lo importante del caso es que a todos nos quedó gustando eso. Uno a veces se cansa de la gente lisonjera y prefiere que digan lo que realmente piensan. Así es John.

Bueno, no sé cuál sea tu condición espiritual, si eres musulmán, judío, agnóstico o si prefieres ni pensar en ello, pero creo que tiene cierto encanto oír a alguien explicar ideas complicadas, especialmente cuando se refieren a temas antiguos y al significado de la vida, porque oír esas pláticas da la sensación de que la vida es mucho más compleja y quizá más hermosa de lo que uno pensaba. Estudiar un texto antiguo hace que una persona sienta como si estuviera viviendo en una realidad compleja pero maravillosa que la trasciende.

John era un erudito de la Biblia pero no se ganaba el pan enseñando clases bíblicas. Tenía un trabajito de medio tiempo en un instituto local pero lo que hacía para ganarse la vida era tomar fotografías de paisajes. Me enteré de eso porque algunos de nosotros nos quedábamos en su casa después del estudio bíblico para ver lo que estuvieran dando en televisión, y una vez le pregunté a John sobre las fotografías que él y su esposa habían colgado en la sala. Eran fotografías de paisajes, montañas, nieve, atardeceres y cosas por el estilo. Algunas estaban en las paredes y una grande sobre la chimenea. No eran fotografías típicas de la naturaleza como las que el tío tomó de la familia frente a aquella cascada en Kentucky, sino las de verdad que parecen obras de arte. Eran el tipo de fotografías que se toman desde un helicóptero al romper el alba. Cuando John me dijo que él las había tomado no le creí, pero él sacudió la cabeza y encogió los hombros como si no importara que yo lo creyera o no. Entonces empecé a pensar que tal vez decía la verdad.

Aunque a John no se le ha ocurrido comprarle muebles a su esposa, viven en una casa bonita sobre un terreno grande. Desde la entrada se ve directamente el Monte Hood, todos sus tres mil metros de altura salpicados con toda clase de matices morados sobre la nieve, en las montañas del occidente de Oregon. Siempre que iba a la casa de John me preguntaba cómo podía ser dueño del lugar ganándose el salario de un profesor de Biblia, y dictando una sola clase cada año. Era lógico que debiera tener un trabajo extra.

Después del estudio bíblico nos quedábamos viendo el canal de deportes, y una noche John preguntó si queríamos ver algo de su trabajo. Los demás se quedaron callados, pero yo dije: «Seguro, ¿por qué no?» Mientras los demás se pusieron de pie John les lanzó una mirada al estilo de Bruce Willis y dijo: «Con que ustedes también quieren ver, ¿no?»

Subimos a la oficina de John, una especie de biblioteca sin estantería. Había cajas negras amontonadas por todo el piso y en el escritorio, y seguimos a John en medio de ellas hasta que se detuvo frente al escritorio, tocó un interruptor y la mitad de su superficie se iluminó. Resulta que el escritorio era de vidrio y tenía luz propia que salía de abajo. John abrió una de las cajas negras y puso unas diapositivas sobre el escritorio iluminado. Eran diapositivas grandes que parecían fotos normales, pero al ser iluminadas desde atrás se veían espectaculares. No podía creer que le pagaran a alguien por ir a los lugares más bellos del mundo a tomar fotos.

John nos dijo de dónde eran las fotos, una era de la cima de una montaña en Italia, otra en el arrecife coralino de Australia, luego una cascada en la reserva Jefferson, aquí en Oregon. Había más de cien filminas en cada caja, y había cientos de cajas. Todos nos quedamos mirando las fotografías refulgentes como si fueran de mujeres desnudas porque estábamos honestamente asombrados, la perfección de los colores y las texturas eran abrumadoras. Ver la luz de la luna reflejada en un glaciar con la silueta de una montaña gris en el fondo, una flor solitaria en medio del musgo de una cañada, pinos con copos de nieve como almohadas que casi no dejaban ver su verdor, agua saltando por un peñasco de doscientos metros hasta caer en una laguna azul, y el agua parecía moverse en la foto, fue una experiencia conmovedora para mí.

A veces nos reuníamos en la casa de John y alguien lo reemplazaba en la enseñanza, a la semana siguiente John regresaba con otro montón de diapositivas en las que había capturado los colores del otoño en la autopista del Blue Ridge, el invierno en algún valle escocés, los Alpes suizos y planicies de Nueva Zelanda que uno no sabía si eran reales o no. Le pregunté por qué no colocaba su nombre en letras grandes en la parte de abajo y vendía sus fotos en tiendas turísticas en el parque Yosemite o en cualquier otro lado. Él pensaba que yo estaba bromeando. Le dije que podría hacer una fortuna con todo el material que tenía.

—Por mí no te preocupes —decía John.

—Sólo era una idea que se me ocurrió —le respondía.

Llegué a sentirme muy a gusto en compañía de los MacMurray. Después de un rato pasó inadvertida aquella actitud de Philadelphia, y de todas maneras era algo irrelevante porque estábamos aprendiendo la Biblia al derecho y al revés. Incluso empecé a ir a su casa cuando no había estudio bíblico. Terri, la esposa de John, me invitaba a desayunar los sábados y luego nos sentábamos a ver golf o hablar sobre el último viaje de John. Tenían un hijito llamado Chris que era tan tierno como un cachorrito, y tampoco hacía daño que Terri pareciera una modelo profesional. John le hacía ojos mientras ella perseguía a Chris por la cocina. Me gustaba estar con ellos y me sentía honrado de que personas acaudaladas y de tan buen aspecto quisieran mi compañía.

Una noche después del estudio bíblico me dio mucha hambre porque no había cenado. Fui a la cocina y Terri dijo que podía hacerme un emparedado. No soy de los que se meten a la cocina de alguien y buscan comida en la nevera sin permiso, pero Terri dijo que podía hacerlo. Ahí estaba yo, alumbrado por la luz de la nevera cuando John entró a la cocina.

—Bueno, estás en tu casa, Miller —me dijo.

—Terri dijo que podía hacerme un emparedado.

—¿Sientes como si vivieras aquí, no es así, Miller?

—Terri dijo que podía hacerme un emparedado.

—Pues bien, si te vas a comer toda nuestra comida mejor te vienes a vivir con nosotros —me dijo John sonriendo—. Terri te va a dar la llave, el apartamento queda arriba del garaje.

Después de decir eso se volvió a la sala. Yo saqué un plato del aparador y estaba cortando un pedazo de pan cuando Terri entró por la puerta de la sala.

—Será grandioso tener otro hombre por estos lados —dijo sin más—. Detesto levantar los troncos para la estufa de leña cuando John sale a tomar fotos, pero tú puedes hacer eso. Voy a darte la llave.

—¿La llave de qué? —pregunté.

—Del apartamento arriba del garaje —dijo, y luego sacó una llave del cajón de la cocina—. Recuerda que te conviene hacer lo que John diga, eso nos facilita la vida a todos —dijo mientras me entregaba la llave.

—¿De verdad quieren que me venga a vivir con ustedes? —pregunté.

—Así parece —dijo con una sonrisa.

Fue así como me fui a vivir con John y Terri. Sin saberlo, tuve una figura de autoridad en mi vida de la noche a la mañana. John no es de los que quieren que vivas en el segundo piso de su casa si no quiere enseñarte algo. No lo sabía cuando me invitó, de lo contrario no me habría mudado, pero era cierto. Viví cuatro años con él y Terri y estuve presente cuando les nacieron sus otros hijos, Elle y Cassy. Estuve allí cuando consiguieron perro, siempre les tomé la foto navideña, los oí pelear y más de una vez me iba corriendo a mi cuarto cada vez que se ponían demasiado cariñosos.

Lo que estoy tratando de decir es que pude ver de cerca una familia. Por primera vez en mi vida vi lo que hace un padre, lo que un padre le enseña a un hijo, lo que un esposo hace en la casa, cómo interactúa un hombre con el mundo que le rodea, la manera como un hombre (al igual que una mujer) logra que una familia se mantenga unida.

No voy a decirte que fue fácil. Hubo ocasiones en las que habría preferido vivir por mi cuenta, tocar mi música al volumen que quisiera, llegar borracho o a cualquier hora, lo que fuera. Pero tocar la música a todo volumen y llegar borracho a la casa no es la vida real. Resulta que la vida real consiste en pañales y podadoras, patios que necesitan pintura, una esposa que necesita ser escuchada, niños que necesitan ser enseñados a tomar buenas decisiones, pagar las cuentas, hacer el cambio del aceite, disfrutar atardeceres en el pórtico, la risa y el llanto en la mesa de la cocina, vino en exceso, un diente astillado y un pequeñín con rabietas. Las lecciones que aprendí en los cuatro años que pasé con John y Terri se quedarán conmigo para siempre.

Hace mucho tiempo leí una paráfrasis de la Biblia que decía: «Dios pone a los solitarios en familias». Al recordar mi época con John y Terri, sé que las Escrituras hablaban de mí.

Capítulo 4

PERTENECER:
LO QUE SABÍAN LOS EISENHOWER

L o primero que uno nota cuando se va a vivir con una familia saludable es que nadie puede funcionar de forma independiente. En primer lugar, criar hijos es un trabajo tan intenso que nadie puede quedarse sentado en un sofá más de media hora. Todos los miembros de la familia constituyen una unidad, como un cuerpo con órganos diferentes o un automóvil con toda clase de partes. Tanto John como Terri suministraban ingresos. Terri tenía un buen trabajo en la agencia local de seguros y no quería dejarlo porque necesitaban los beneficios de salud. La querían tanto en la agencia que podía trabajar desde su casa la mayor parte del tiempo, pero era una mamá trabajadora. John cuidaba a los niños cuando Terri estaba ocupada o haciendo diligencias en el pueblo, y Terri quedaba a cargo de todo cuando John se iba de viaje. Sin embargo, los adultos no eran los únicos con papeles importantes. En cierto sentido, los niños tenían grandes responsabilidades. Viéndolos y viviendo con ellos era obvio, John y Terri estaban deleitados con sus hijos. Para ellos eran mejores que todo lo que daban por televisión. Y los niños se sentían importantes, creo yo, porque hacían toda clase de maromas para hacer reír a sus padres, o cosas peligrosas que los hacían gritar y decirles que se bajaran del balcón del segundo piso.

Todo eso me recordaba un libro que leí hace unos años titulado *At Ease: Stories I Tell to Friends* [A mis anchas: Las historias que les cuento a mis amigos]. Fue escrito por Dwight D. Eisenhower, el general durante la Segunda Guerra Mundial que se convirtió en presidente de los Estados Unidos. Siempre he tenido curiosidad por los hombres y líderes de gran éxito, por aquello que saben a diferencia del resto de nosotros. Fue un libro entretenido porque Eisenhower como personaje de talla internacional también armó muchos pleitos y le habían expulsado de la prestigiosa academia militar West Point. Este hombre siempre tuvo confianza en sí mismo y la certeza de que llegaría a ser alguien importante. Por encima de todo, creyó que el mundo *lo necesitaba*, que si él no existiera todo se estropearía. Creyó que estaba llamado a ser un gran hombre. Durante mi lectura me pregunté de dónde sacaría esa confianza, y Eisenhower procedió a hablar acerca de su familia, de cómo su madre se sabía el Nuevo Testamento de memoria y siempre impartía sabiduría a los niños de lo que sabía.

Luego Eisenhower dijo algo que consideré increíble, tanto que tuve que cerrar el libro y ponerme a pensar en todo lo que ello implicaba.

Dwight Eisenhower dijo que su madre y su padre habían dado algo por sentado que definió el rumbo de su vida: *Que todos los problemas del mundo podrían arreglarse si cada niño entendiera la necesidad de su existencia.* Los padres de Eisenhower creían firmemente que si sus hijos no estuvieran vivos, su familia no podría funcionar.

Eso me impresionó mucho y me pregunté cómo habría sido mi infancia si me hubiera sentido indispensable para mi familia. Es cierto que mi mamá me necesitaba y además me quería mucho, pero también tenía que llevar la carga de pagar cuentas, trabajar hasta tarde y manejar todos los aspectos de la vida como madre soltera. La mayor parte de mi infancia, al menos de lunes a viernes, mi hermana y yo nos quedábamos solos. Los fines de semana teníamos a mamá en casa y salíamos a remontar cometas, visitar museos para niños y ver teatro infantil. No obstante, eso era más para nuestro entretenimiento y estimulación que para su descanso, y ella llegó a un punto de agotamiento total. De lunes a viernes mamá trabajaba hasta tarde y muchas veces llegaba a la casa justo a la hora de dormir, y todos estábamos demasiado cansados para actuar como una familia. De algún modo, yo sabía que la razón por la que mamá trabajaba tanto éramos mi hermana y yo. Nunca se me ocurrió atribuir el agotamiento emocional y físico de mi mamá a la falta de un esposo y un padre. Siempre lo atribuí a mi existencia. Confieso que en ciertas ocasiones me pregunté si mi familia estaría mejor sin mí. Crecí creyendo que si nunca hubiera nacido, la vida sería más fácil para mis seres queridos.

Esa clase de pensamientos puede dejar a un niño impedido por mucho tiempo. Puede que suene a psicología barata, pero para mí es una verdad obvia. Si un niño crece sintiendo que es una carga para la gente a su alrededor, va a comportarse como si el mundo no lo quisiera. No reconocí ese sentimiento en mí mismo sino hasta hace poco, después de cumplir treinta años, pero siempre ha estado allí. Por ejemplo, caí en cuenta de que me salgo de las conversaciones cuando empiezan a entrar en lo personal. A pesar de las invitaciones más persuasivas para conectarme con la otra persona, siento que tarde o temprano va a quemarse conmigo y ver mi amistad como una carga. Soy muy bueno para hablar de trivialidades, caerle bien a la gente y todo eso, pero a la hora de permitir que alguien me conozca de verdad, salgo corriendo. Cualquier habilidad que tenga para caer bien, también parte de mi deseo intrínseco de no ser una carga. Si soy liviano y llevadero, mi comunidad no querrá expulsarme ni meditarán de noche en lo bello que sería su mundo si yo no fuera parte de él.

Por eso, al leer sobre la vida de Eisenhower me di cuenta de que mi valoración personal era todo lo opuesto a su entendimiento de sí mismo. Con razón llegó a ser presidente. Si uno cree que su familia se desintegrará sin uno, tal vez crea que su comunidad dejará de existir sin su presencia, al igual que su ciudad y su país. Esa clase de persona se desenvuelve en cualquier dinámica con la necesidad imperiosa de liderar, de velar por la unidad y el buen funcionamiento de las cosas, de inyectarle vida al mundo y servir a quienes le rodean, tal como lo habría hecho de niño en su familia.

De igual modo, no se puede culpar a un niño por sentirse indeseable si su padre lo abandona. Piénsalo un momento, Dios da a cada padre un instinto específico que le hace amar a su hijo más que a nada en el mundo. Supongo que ese mismo instinto también se activó en el cerebro de mi padre, pero por alguna razón él me echó un vistazo y se fue. Ni siquiera el instinto que Dios le dio tuvo fuerza suficiente para hacer que mi papá se quedara. Eso es lo que me hizo sentir a veces que había un ser detestable dentro de mí que hacía sentir a la gente como si tuvieran que llevarme a cuestas. Una noche mientras caminaba por el parque supe que me desempeñaba en el mundo conforme a un sentido de inferioridad. Muy en lo profundo, creía que la vida era para el resto del mundo, al igual que el goce, las responsabilidades y todo lo demás. En la vida, había personas destinadas a vivir y otras que nacían por accidente y transitaban por el planeta como los despreciables.

Ahora sé que esos pensamientos son ilógicos. No existen pruebas de que un tipo que crezca en una familia con un buen papá sea mejor que uno que crezca en una familia con un padre malo. El problema es que un argumento lógico es incapaz de cambiar un corazón. En mi mente sabía que yo no tenía nada fuera de lo normal y que el problema radicaba en el mensaje emitido por la ausencia de mi padre, pero ese *conocimiento* no me hacía *sentir* más seguro. Durante muchos años todo lo que pude hacer en el proceso de sanidad fue reconocer que me sentía inferior y decirme a mí mismo que ese sentimiento era una mentira. Durante mucho tiempo no pude avanzar más allá.

Los continentes empezaron a desplazarse durante el tiempo que pasé con John y Terri. A veces veía a John con Chris y me ponía celoso. No que sintiera envidia de Chris, ni siquiera sé si esa sea la expresión correcta. Me refiero simplemente a que sentía como si fuera una injusticia. La noción de que yo importaba no había sido inculcada en mí como John la inculcaba en Chris. Chris nunca tendrá que aprender que es importante, o al menos no tendrá que nadar contra la corriente en un torrente de mentiras.

La dinámica familiar de los MacMurray me permitió visualizar lo que debió haber existido en mi propia vida. No es que quisiera que John me levantara del piso y me pusiera en su regazo, pero ver escenas de ese tipo en la vida real me hizo preguntarme por qué Dios permitió que yo creciera sin un papá que me dijera que me amaba o se alegraba de tenerme cerca.

Es raro hablar sobre estas cosas como un adulto, pero cuando empecé a procesar las consecuencias de haber crecido sin un padre me di cuenta del inmenso hoyo que esta ausencia había dejado en mi corazón. Quisiera que mi padre y yo tuviéramos una amistad, que él me llamara por lo menos una vez al mes para decirme que estoy haciendo un buen trabajo. Tengo hambre de algo así. En realidad no me gusta pensar en el asunto, pero presiento que hay heridas que no sanan hasta que uno las sienta. Es decir, yo podría desahogarme contra el mundo el resto de mi vida y nunca detenerme a realizar la labor difícil de preguntar a qué se debe mi rabia o por qué siento dolor, y luego arribar a la difícil verdad de que el dolor sigue allí porque quise ser amado y no lo fui. Quería importarle a mi padre, pero no le importaba. Quería ser guiado pero no lo fui. Y luego, para ser honesto, sentir lo que fuera que hiciera sentir la dura verdad, responder a la realidad de las cosas como necesitaba hacerlo.

No hace mucho esas verdades tomaron posesión de mis emociones. Fue la semana previa al día del padre, unos amigos me habían dicho que tenían cenas especiales o paseos planeados con sus papás. Quizás fuera porque no había dormido lo suficiente después de un viaje, o tal vez porque el día del padre es un concepto ajeno a mí, como celebrar la amistad con un extraterrestre. El caso es que una noche en particular sentí que mi alma se derrumbó. Tenía dificultad para cumplir con una fecha límite y sentí, como lo siento con frecuencia, que cualquier libro que yo escribiera caería como una carga innecesaria en las bibliotecas del mundo. Quería que un padre entrara a mi cuarto y me dijera que eso no era cierto, que yo estaba aquí a propósito y por un propósito, y que una familia, un padre y hasta el mundo entero necesitaban que yo existiera para hacerlos a todos más felices. En ese momento supe que ningún padre iba a entrar a mi cuarto, que no escucharía palabras de ánimo ni una voz de aliento, que no llegaría un elefante más grande y maduro cuya mera presencia corregiría los pensamientos torcidos de mi mente. Por primera vez en mi vida me di cuenta, en lo profundo de mi ser, de que nunca había tenido un padre.

Yo no soy de los que lloran mucho, pero aquella noche lo hice. Perdí el control. Eché mi computadora a un lado, metí mi cabeza en una almohada como un pequeñín y sollocé desconsolado. Lloré casi una hora entera. Detesto decirlo porque suena muy débil y no me gusta el dramatismo, pero recuerdo muy bien aquella noche y no dudo que algo profundo salió a la superficie.

Alguien dijo que darnos cuenta de que estamos deshechos es el comienzo de la recuperación. En mi caso, parte del proceso de sanidad empezó aquella noche.

Como mi mamá nos hizo ir a la iglesia desde pequeños, siempre he sido una persona de oración. No entiendo por qué, pero nunca he tenido muchas dificultades para hablar con Dios. No siempre me ha gustado leer la Biblia o ir a la iglesia, pero creo que desde muy temprana edad Dios abrió la puerta de su oficina y se aseguró de que yo pudiera entrar a cualquier hora. Cuando empecé a sentir mucha lástima de mí mismo por no tener un padre, cuando me percaté de que la dinámica cotidiana en el hogar MacMurray nunca se había dado en mi familia, empecé a preguntarle a Dios por qué. No me gusta decirlo, pero mi actitud al principio fue bastante acusatoria. Acudí a Dios diciendo: *Me estafaste. ¿Por qué no me tocó un papá que me dijera que me amaba y me enseñara todas estas cosas?*

No creo que Dios se haya ofendido con mis acusaciones, creo que fue comprensivo. Aquellas oraciones honestas condujeron a una serie de epifanías que me ayudaron mucho. Al observar la interacción de John y Chris caí en cuenta de lo que quería realmente. El anhelo de mi alma era *pertenecer*. Me refiero a que quería que un padre me reclamara como suyo y que yo le importara más que cualquier cosa o *persona* en el mundo. Fue algo que John me dijo después de un viaje truculento a Lago Perdido, que me hizo creer que aunque yo no tuviera un padre, seguía siendo cierto para mí.

ESTABA LAVANDO MI carro una tarde cuando John me invitó a ir con él a Lago Perdido, en lo profundo de la zona desértica de Cascade. Quería tomar unas fotos panorámicas del Monte Hood desde el extremo norte. Durante el viaje John me contó una historia sobre la última vez que había estado en Lago Perdido. Había navegado las angostas vías auxiliares del bosque sobre un trineo a gasolina, con la esperanza de fotografiar la nieve sobre los pinos que rodeaban el lago y la montaña que se reflejaba en el agua como una catedral blanca.

—No es broma —dijo John mientras me contaba la historia con un vaso de limonada en su mano libre y la otra agarrada al volante, tomando curvas en las carreteras rurales a unos quince kilómetros por hora por encima de la velocidad máxima—. Creo que me demoré cuatro horas en llegar, o sea, llevamos como una hora manejando y todavía nos falta como media hora.

Mientras ondeaba la limonada hacia el paisaje que se divisaba en la distancia, John dijo:

—Imagínate todo esto cubierto de nieve, el tiempo que tomaría recorrerlo en un trineo a gasolina. —John tomó más limonada y volteó la cabeza para ver si quedaba algún color en la montaña. Yo casi no aguanté las ganas de estirarme y agarrar el volante cada vez que John se salía de la carretera y volvía a poner las llantas de la camioneta sobre la línea amarilla sin siquiera levantar el pie del acelerador, para luego volver a darse la vuelta y verificar el color de la montaña.

—¿Pudiste sacar la foto que querías? —pregunté mientras hacía muecas al ver pasar árboles borrosos de setecientos años a contados centímetros de mi ventana.

—Bueno —continuó John mientras seguía mirando la montaña que estaba detrás—, llegué a mi destino pero el cielo estaba lleno de nubes. Se podía ver la montaña, pero el lado occidental estaba repleto de nubes y no se veía nada de color, era un paisaje que no valía la pena fotografiar. No podía creerlo, estaba congelado y había alquilado el trineo a gasolina, me sentía bastante frustrado. Miraba el reloj todo el tiempo ya que me quedaban contados minutos antes de la puesta del sol.

—Y todavía te tocaba volver a la carretera en el trineo —dije.

—Exacto. Me quedaban tres o cuatro horas más de viaje a oscuras —John sacudió la cabeza y aguzó la mirada cuando la camioneta volvió a salirse de la carretera. Corrigió el rumbo mientras tomó otro sorbo de limonada.

—No pudiste tomar la foto, ¿cierto? —volví a preguntar mientras me puse el cinturón de seguridad sin que se diera cuenta.

—Bueno —continuó John—, empecé a recoger el equipo. Ya había envuelto la cámara y la había puesto en la maleta, pero cuando empecé a desmontar el trípode, salió de la nada una columna de luz anaranjada, como las que se ven en los conciertos de rock —John señaló la trayectoria de la columna en el parabrisas mientras hablaba—. Mira, la luz era tan asombrosa que fue como si el cielo se abrió de par en par y todos los rayos inundaron el Glaciar Ladd; el color se reflejó perfectamente en el lago inmóvil y hasta la nieve en los pinos se veía cálida. Fue lo más parecido a un acto de magia.

—Pero ya no tenías la cámara a la mano.

—Sí, ya había guardado la cámara, pero la saqué —en ese momento John me miró directo a los ojos y dejó de enfocarse en la carretera. Yo seguí mirando por el parabrisas, agarrado de las uñas al tablero y preguntándome en qué momento saldríamos volando por un despeñadero. John debió pensar que su camioneta tenía piloto automático, es lo que pensé tratando de explicar su desquicio al volante. Él dio un suspiro profundo y siguió hablando sin mirar la carretera. Hasta quitó las manos del volante para demostrarme exactamente cómo sacó la cámara. El terror estaba a punto de apoderarse de mis funciones corporales.

—Entonces la desenvolví, la monté en el trípode y metí el rollo —cuando John movió los dedos como si estuviera poniendo el rollo de película en su cámara yo abrí la boca aterrorizado y me aferré al cinturón de seguridad mientras mis ojos parecieron salirse de sus cuencas—. Luego enfoqué —dijo mientras movía la mano como si moviera el foco—, y oprimí el obturador —John cerró el puño y repicó el pulgar sobre los otros dedos como si tuviera una granada en la mano. Luego recogió su limonada, puso la otra mano en el volante y viró a la izquierda a menos de cuarenta centímetros de una conífera gigante. Yo exhalé con un resoplido audible mientras las ramas rayaron el lado de la camioneta, volví a acomodarme en el asiento y me quedé mirando el techo como dando gracias a

Dios por salvarme la vida al no estrellarme contra un árbol y rodar por un despeñadero una milla atrás.

—Exactamente —dijo John en respuesta a mi resoplido—, ¡casi no pude sacar la foto!

—¿Cuál foto? —dije mientras lo miraba como si estuviera loco de remate.

—La que le tomé al Monte Hood, ¿no me has prestado atención? —John sacudió la cabeza.

—Claro que estaba oyendo —mentí mientras me cercioraba del buen funcionamiento del cinturón de seguridad.

—Como te iba diciendo —continuó—, apenas oprimí el obturador los colores empezaron a desvanecerse y en menos de un minuto todo quedó gris. No lo podía creer. Dios sí que hizo acto de presencia con esa, no hay duda.

Me reacomodé en el asiento esperando que John no empezara otra historia que lo hiciera olvidarse de la camioneta que tenía que manejar. Me arreglé la camisa y ajusté las ventanillas del aire acondicionado.

—¿Entonces tú piensas que Dios intervino? —pregunté al sentirme más cómodo porque ahora la carretera tenía menos curvas e íbamos subiendo.

—¿Qué si creo que Dios intervino en qué? ¿Aquel atardecer? —aclaró John.

—Sí, el atardecer.

—No, Don. No creo que Dios lo haya hecho —mi amigo sacudió otra vez la cabeza—. Creo que lo hizo la Madre Teresa.

—Muy chistoso —dije.

—Por supuesto que fue Dios, ¿quién más pudo haberlo hecho? ¡Spielberg! ¿Escondido entre los árboles con unos rayos láser? ¡Fue Dios!

—¿Dios hizo ese atardecer solo para que tú pudieras verlo y tomar esa foto? —pregunté con duda inequívoca en mi tono de voz.

—Bueno, no exactamente, es decir, no creo que lo haya hecho solo porque yo quería tomar la foto. Si así fuera, sería el paisajista más famoso de la historia. Nunca me tocaría hacer viajes inútiles el resto de mi vida —sonrió al decir esto, como deseando que fuera cierto.

—Bueno, ¿entonces qué, Dios lo hizo o no? —pregunté con tono inquisitivo.

—Sí lo hizo, pero no solo para mí sino para todos nosotros.

—¿Nosotros? ¿Tú y yo? —pregunté.

—Me refiero a nosotros —dijo John—, Dios lo hizo por sus hijos. Para eso es la belleza. Toda esta belleza existe para que tú y yo podamos ver su gloria, sus obras de arte. Es como una invitación a adorarlo, a conocerlo.

—¿Tú crees? —dije suavemente, después de una pausa medio reflexiva.

—Absolutamente, Don. La belleza no tiene ningún sentido aparte de que es un regalo que Dios obsequia a sus hijos. Piénsalo. ¿Acaso los seguidores de Darwin tienen alguna explicación para la belleza? Realmente no. Es como una carta de amor, sin más ni más. Es una carta masiva dirigida a la creación entera, en la que Dios nos invita a disfrutarlo. Siempre les digo a los niños que cada atardecer representa los toques finales de la brocha de Dios en la belleza del día.

—¿Pero por qué querría Él hacer algo así? —pregunté.

—Porque así es Él. Es como me sucede con Chris —John se reclinó un poco en su asiento al pensar en su hijo—. Yo hago ciertas cosas por Chris porque sé que van a encantarle. Salimos a una caminata, bajamos al río, lo que sea. Mostrarle a Chris cosas que le producen placer también me lo produce a mí. Yo he visto ríos miles de veces, y después de un rato cualquiera se aburre, pero cuando Chris y yo vamos al río, recreo toda la experiencia a través de él. Siento su placer y eso me trae gran deleite. Así mismo es Dios. Lo que hace un padre es una metáfora adecuada para Dios.

—Para algunos —dije con cinismo y John me miró con el ceño fruncido, pero algo en su mirada indicó que se acordó repentinamente de que yo no tenía papá; no me había propuesto llamar la atención sobre el asunto, pero John asintió un poco y tarareó algo. Luego agarró el volante como si estuviera pensando en algo, y pasó un buen rato antes que volviera a hablar.

Cuando llegamos a Lago Perdido, me contó sobre una vez que se subió a una canoa para conseguir un ángulo distinto de la montaña, luego señaló unas nubes que podrían iluminarse bonito al atardecer, pero no fue sino hasta que dimos toda la vuelta al extremo sur del lago y nos detuvimos en el apostadero que John aludió a nuestra conversación previa. Él dijo algo a lo que he vuelto en muchas ocasiones. Estaba colocando el trípode y abriendo el estuche de la cámara cuando empezó a hablar, sin mirarme ni siquiera.

—¿Sabes qué, Don? —dijo mientras tanteaba un lente que finalmente puso en la cámara, montando todo el armatoste sobre el trípode—, a veces ni siquiera pienso en los niños como si me pertenecieran.

Pensé en lo que dijo un segundo.

—¿Cómo? ¿Terri se acostó con el cartero? —dije entre dientes.

—Muy chistoso —dijo sacudiendo la cabeza—, debería lanzarte al lago por eso.

—Era una broma —le dije.

—O sea, son *nuestros* hijos y todo lo demás —John adquirió un tono introspectivo al hablar, inmerso en sus pensamientos mientras ajustaba la cámara—, pero en realidad le pertenecen a Dios. Terri y yo tuvimos relaciones sexuales, pero ahí terminó nuestra parte. Yo no sé cómo hacer un ser humano. Dios es quien lo hace.

—¿Por qué traes esto a colación? —pregunté tras un minuto de silencio.

—Supongo que estoy tratando de decir que un día tendré que presentarle a Chris a su Padre real. Y no me refiero al cartero —me reí cuando John dijo esa frase—. Es decir, Dios me puso a mí en la vida de Chris —continuó— para cuidarlo y amarlo, pero en últimas todos le pertenecemos a Dios. En la Biblia Él se refiere a sí mismo como nuestro Padre y creo que realmente anhela que lo conozcamos de ese modo. Por eso yo diría que en realidad ninguno de nosotros carecemos de un padre.

John se quedó otra vez sin mirarme mientras dijo eso. Empezó a enfocar su cámara y alistar su medidor de luz. Se puso las manos alrededor de los ojos y divisó el occidente para verificar la coloración del horizonte.

—Entendido —dije, más que todo para romper el silencio.

—No sé, Don, tal vez te toque ser padre para entenderlo. Estoy seguro de que un día lo entenderás, pero no existe ningún amor como el de un padre. Yo amo a Chris y a las niñas de un modo que no puedo explicar. Realmente no puedo. Se siente como una especie de milagro. Quiero que amen la vida; quiero darles alegría; quiero que maduren. Y ahora que he sentido todo eso, entiendo mucho más acerca de la vida; entiendo por qué un atardecer es hermoso; entiendo por qué no consigo todo lo que quiero todo el tiempo; entiendo por qué Dios me disciplina; entiendo que Dios es un padre.

En ese momento el occidente cambió de color, las colinas verdes se iluminaron y la luz abarcó el Glaciar Ladd. John no dijo nada, solo apuntó al agua. En el agua pude ver la montaña perfectamente reflejada, la punta de su cima y el peñasco rocoso que se erigía como una vértebra en el lado sur. John oprimió el obturador y sacó otra filmina de su bolsa, luego extrajo la placa expuesta y colocó la nueva. Esperó un segundo, revisó la imagen invertida en el visor y tomó otra foto. Después de eso, el color brillante dio paso a violetas y púrpuras tenues. John tomó una foto más con la iluminación disipada y luego nos sentamos en el atracadero para contemplar el oscurecimiento lento del cielo.

En el viaje de regreso a casa, John estuvo callado. Yo empecé a pensar en Dios como Padre, preguntándome si lo creía realmente. Siempre había creído que Dios era amoroso y bueno, y como mencioné antes la oración era algo natural para mí. No obstante, para ser honesto, tenía una imagen más distante de Dios que la de un padre. El Dios de mi imaginación era un ser anciano y olvidadizo que más que interactuar con la humanidad nos observaba apático mientras trabajábamos en nuestros oficios y podábamos nuestro césped. La noción de Dios como padre era nueva para mí, y aunque debo confesar que me gustaba, no sabía si podía apropiarme de ella. Tal vez John tenía razón, tal vez yo tenía que ser papá antes de entender el concepto. Pero me gustó su sabor a esperanza. Me gustó la idea de Dios, allá en el cielo, ofreciendo guía, consejo y galardón a mi vida. También me gustó la idea de que yo no hubiese sido abandonado del todo.

Más o menos a la hora en que John y yo salimos de la carretera auxiliar del bosque y volvimos a la carretera principal que baja sinuosa del Monte Hood, recordé una propaganda que salía por televisión cuando era niño. Era un comercial de los dulces Lifesavers [Salvavidas] en el que un niño está sentado con su padre sobre una colina. El padre y el hijo veían el atardecer, y mientras el sol descendía el padre le susurraba al hijo *Se va, se va, se va,* y justo cuando el sol se esconde tras el horizonte el padre le susurra *se fue.* Luego el niño, con su silueta alumbrada por la luz vespertina, mira a su papá y le dice: *Hazlo de nuevo, papá.*

Habían pasado diez años desde que vi aquel comercial, pero al pensar en las cosas que John dijo y tras haber contemplado los colores del atardecer en los glaciares del Monte Hood y el reflejo de la montaña sobre el agua, reflexioné acerca de Dios como Padre, de cómo se regocijaría al darnos gozo, de la manera en que John dijo que lo experimentaba con Chris.

La idea se hizo todavía más atractiva en el resto del trayecto, porque si era cierta significaba que yo sí pertenecía, que todos nosotros pertenecíamos y que estamos aquí con un propósito. Y aunque algunos crecimos sin padres biológicos, no hay uno solo que crezca sin nuestro Padre de verdad. Es decir, si tenemos piel, si tenemos un corazón que late, si podemos tocar y sentir, todo eso se debe a que Dios ha decidido que así sea, porque quiso incluirnos en la historia.

Al llegar a la casa Terri y los niños ya estaban dormidos. John y yo nos sentamos en la sala a ver deportes por un rato. Durante los comerciales, él quitaba el sonido y me contaba sobre los viajes que tenía programados, preguntándose en voz alta cómo iba a transportarse al llegar a Nueva Zelanda, cuántos días pasaría allá en comparación a Australia y demás. Se notaba que decía todo eso con cierto remordimiento y que no le gustaba estar lejos de su familia. Pero durante el último corte de comerciales, empezó a hablar otra vez acerca de la paternidad, y supe que lo hacía más por mí que por recordar viejos tiempos. Me contó que cuando Terri dio a luz a Chris y él sostuvo a su hijo en sus brazos por primera vez, fue lo más cerca que estuvo en toda su vida de entender el amor de Dios. Dijo que a pesar de nunca haber visto esa personita, ese bebé diminuto, sintió un amor increíble hacia él, como si estuviera dispuesto a ponerse frente a un tren en movimiento si tuviera que hacerlo, que daría su vida sin siquiera pensarlo por la simple razón de que ese niño existía. John me dijo que ese amor no se comparaba con las demás relaciones de su vida. En otro tipo de relaciones humanas, la persona a quien él conocía tenía que ganarse su amor. Incluso con su propio padre, John me dijo que *aprendió* a amarlo, y en el caso de su esposa ambos tuvieron que *enamorarse* en el transcurso de los años, volviéndose amigos cada vez más cercanos. Así no era la relación con sus hijos. Su amor por ellos fue instantáneo, desde el momento de su nacimiento. Aparte de nacer, ellos no habían hecho nada para ganarse su amor. Era el amor más verdadero e incondicional que él había conocido. John dijo que si su amor por Chris fuera una vaga idea o ejemplo de cómo Dios nos amó, entonces él tenía toda la certeza del mundo en su trato con Dios, porque sabía de primera mano cómo se sentía el amor de Dios hacia él y sabía que era un amor completo y perfecto.

—Don, solo estoy diciendo que si Dios es nuestro Padre, estamos hechos.

Después de eso, John me lanzó el control remoto, puso su vaso en el lavadero y dijo buenas noches.

—Nos vemos por la mañana —dije.

—Buenas noches, Don —dijo John, y la puerta de la cocina se cerró detrás de él.

Capítulo 5

LA ESPIRITUALIDAD:
DIOS COMO NUESTRO PADRE

Se siente un poco raro hablar sobre la paternidad de Dios, extraño en el sentido de que parece una invasión de la privacidad. Mencioné antes que la oración me resulta fácil, pero confieso que me gusta el Dios distante, el Dios que tiene control firme de la física cósmica pero no se inmiscuye tanto en la dinámica de las relaciones humanas. Así es como veo a Dios la mayor parte del tiempo, como una especie de científico despistado que nunca se casó porque es demasiado inteligente como para entender a la gente. Uno no se imagina a Dios como un casanova o en un partido de béisbol fumándose un cubano, hablando sobre la vez que la pelota pasó por entre las piernas de Buckner.

Siempre he pensado en Dios en términos conceptuales, de la manera en que Brian Greene piensa sobre las cuerdas primordiales del universo. Claro, eso me parece triste en vista de que Dios ha dejado muy en claro que anhela tener intimidad con nosotros. En uno de nuestros estudios bíblicos, John explicó de qué manera tan enérgica Dios comunica su deseo de relacionarse. Se llama a sí mismo novio, amigo, amante y pastor. Hay un libro del Antiguo

Testamento llamado Cantar de los Cantares que está repleto de imágenes eróticas, y si uno lo toma en sentido alegórico lo hace preguntarse si Dios no querrá que nosotros, de algún modo, nos dejemos conquistar espiritualmente.

Pero Dios vive en el cielo, no en la esquina. Él no puede salir a jugar con nosotros, por así decirlo. Confieso que a menudo pienso en Dios como: «el niño de la burbuja», tratando de explicar a los demás niños que aunque no puedan jugar baloncesto con Él, sí pueden hablar por teléfono sobre tiras cómicas o algo parecido. Sé que no debo trivializar a Dios, esa no es mi intención, pero a veces sí se siente como si su intolerancia hacia nuestros gérmenes de pecado afectara su capacidad para relacionarse. Por ejemplo, Él no nos abraza.

Por otro lado, todo lo que John dijo acerca de Dios como nuestro Padre quedó grabado en mi mente. Poco después de nuestra conversación John se fue a Europa por una temporada, y yo me quedé preguntándome cómo era posible que Dios fuese nuestro Padre siendo tan intangible. Es decir, ¿cómo se las arregla el dueño y creador de la jaula de hámsteres para interactuar con los hámsteres? ¿Qué aspecto tendría una interacción con Dios en comparación a la interacción que supuestamente deberíamos tener con nuestros padres terrenales? Peor todavía, si nuestros padres terrenales son el método que Dios usa para comunicar su amor por nosotros, parecería que Dios ama tan solo a unos cuantos. Y como van las estadísticas, cada día son menos.

Luego empecé a preguntarme si estaba llevando demasiado lejos la metáfora del «padre» y que el propósito de la metáfora es mucho más austero. Me pregunté si todas las relaciones que tenemos, con nuestra amante esposa, nuestra madre, nuestros amigos, no son más que imágenes borrosas de nuestra relación con Dios, como si fueran penumbras en el prólogo cursi de una novela eterna.

Me pregunté si el acto de abrazar la cintura de una mujer no sería una especie de introducción pueril a lo metafísico. En ese orden de ideas, podría ver a Dios con tarjetas didácticas que me muestra al enamorarme de una mujer, tarjetas que dicen *Esto es amor, yo soy como este amor pero mejor todavía.*

«Mira», dice Dios señalando la tarjeta con la palabra *Amor*, luego apunta a su propio pecho mientras yo paso de los labios de la mujer a su mentón y a su cuello. «Mira», dice Dios mientras baja la tarjeta que dice *Amor* y levanta la que dice *Unidad*, diciendo: «¿Ves?, ¿Lo entiendes? Son metáforas vivas de la unidad, ¡como lo es mi Trinidad!»

Pensar en esos temas demasiado tiempo me hacía dar vueltas en la cabeza, pero admito que empecé a acostumbrarme a la idea de llamar «Padre» a Dios. Estaba listo para que Dios saliera del anonimato. Quería saber que todo lo dicho por John era cierto, no solo como un tipo que creció sin un papá, sino como un ser humano. Por extraño que suene todo el asunto de las metáforas, pensar en el amor humano como una metáfora de quién es Dios me ayudó. Me ayudó saber que Dios hace lo que puede por nosotros, así como entender que sé tanto de Dios como lo que sabe un bebé sobre los principios físicos del móvil que cuelga encima de su cuna.

Al fin de cuentas, metáforas como la del amor entre un padre y un hijo, entre un hombre y una mujer, no tienen que ser exactas. Su único propósito es insinuar, casi que amagar en dirección a lo inexplicable. Además, no a todos nos toca experimentar todas las metáforas. Una persona que nunca salga de la China no podrá apreciar la obra de Dios en el Parque Nacional de Yosemite, pero tendrá sus propias versiones en su lugar de origen. Esto fue algo importante para mí porque significaba que aunque no tuviera papá, sí podía aprender acerca del amor en muchos lugares. Aunque no todas las metáforas eran reales en vida, otras sí lo eran. Todavía podía entender que Dios era amoroso y bueno porque sabía acerca del amor y la bondad. También podía entenderle como *Padre* de los huérfanos, aunque no fuera de primera mano.

Quiero decir que aunque el concepto de padre haya quedado distorsionado en mi perspectiva y la tuya, lo importante es que reconozcamos quién lo distorsionó. Para ser justos, no fue Dios. Si acepto la Biblia como la Verdad, Dios no posee ninguna de las características negativas de nuestros padres biológicos. Además, cuando pienso en mi propio padre como una tarjeta didáctica y no como una imagen en el espejo, me consuela saber que Aquel a quien alude la metáfora es infinitamente superior a la alusión misma.

Por esa razón dije en voz alta: Quiero que Dios sea mi Padre. No quería sonar religioso, simplemente sabía que los tipos con papás de verdad tienen ciertas ventajas en la vida. Por ejemplo, son buenos para los deportes y también con las chicas. Saben manejar el dinero y tienen pagada la universidad. Por lo menos algunos de ellos. Yo quería eso, y así Dios viviera en una burbuja quería que saliera un rato del cielo y me mostrara cómo se usa un serrucho eléctrico.

Oré un poco al respecto, pero Dios nunca se me apareció. Nunca golpeó en mi puerta con un balón bajo el brazo y una sonrisa de oreja a oreja. Empecé a sentirme estúpido por querer que fuera mi papá, pero sucedieron un par de cosas que me ayudaron a entender a Dios, cómo opera y quién es realmente. En ese sentido, Él había sido un Padre para mí toda la vida. Sé que suena a espiritualidad dulzarrona de la nueva era, como si me diera por irme a vivir a una carpa en Colorado a preguntarle a un árbol qué debo comer de desayuno, pero yo no soy así. No creo que el trato paternal de Dios consista en poner nociones vagas en nuestra mente ni hablarnos con susurros en el viento. Aquí me refiero a situaciones muy prácticas.

John mencionó que Dios operaba de manera similar a un padre y eso me condujo a investigar la Biblia. No hice una búsqueda muy profunda porque no conozco muy bien la Biblia, pero me alegro de haberle dedicado el tiempo. Tal vez sea yo solamente, pero parece que sin importar dónde busque en la Biblia, puedo ver a Dios comportarse como Padre de seres humanos, o hacer algo muy parecido a una función paternal.

Lo primero que encontré fue en el libro de Romanos. Pablo empieza su escrito hablando acerca de personas que decidieron desentenderse por completo de Dios, y a causa de ello se convirtieron en paganos que no sabían controlarse a sí mismos ni tener disciplina alguna. En realidad, no sabían cómo ser humanos y yo sabía que en cierto sentido era como esas personas. No que yo sea malo según se entiende hoy día, ni tampoco he hecho o siquiera pensado en muchas cosas de las que Pablo hablaba, pero en general me sentía como uno de ellos porque era un montón de personas que se habían disociado de su padre. Al decir Padre aquí me refiero a Dios.

Sé que suena confuso, pero me hizo pensar otra vez en aquellos elefantes y en cómo necesitaban un elefante más grande y maduro para cambiar su bioquímica y aprender a ser quienes eran en realidad. Me pregunté si esa era la idea básica de Pablo en el libro de Romanos. Si Dios no es Dios en nuestras vidas, vamos a embarrarla de algún modo. Supongo que también estoy diciendo que somos interdependientes.

Tiene sentido. Las personas que se aíslan en algún bosque por mucho tiempo por lo general regresan con un tornillo suelto. También es cierto que los hombres llegan a ser lo que fueron diseñados para ser cuando interactúan con una mujer, y viceversa. Tener hijos también lo lleva a uno a otro nivel de madurez. Las relaciones humanas son como llaves que abren ciertos aspectos de quiénes se supone que debemos ser. Creo que una de las cosas que Pablo quiso decir en Romanos es que estar en una relación con Dios nos ayuda a entender quiénes somos y llegar a cumplir con el propósito con el que fuimos diseñados. En cierto sentido, se suponía que Dios debía ser el elefante más grande, maduro y conocedor que necesitaban los que estaban arruinándolo todo en Roma. Y la razón por la que estaban arruinando sus vidas era que no querían tener nada que ver con Él.

———

CONSIDERAR ESTA DINÁMICA en términos naturales me resultó útil. En esa época había sembrado un par de plantas de tomate en el patio. Nunca antes lo había hecho, pero el vecino del frente había cosechado unas plantas de tomate el año anterior y quedé interesado. Estaba haciendo un hoyo diminuto y metiendo los brotes de la planta cuando caí en cuenta de lo milagroso que es el proceso. Todo lo que uno hace es meter un cogollo en la tierra y el sol, el suelo y el transcurso del verano convierten el retoño de tomate en un ingrediente clave de mi ensalada. El ADN del tomate es activado por fuerzas exógenas, de tal modo que se convierte en lo que se supone que debe ser, pero únicamente con la presencia de los elementos adecuados.

Es como dice en la Biblia, si conocemos a Dios e interactuamos con Él, somos como un árbol plantado firmemente junto a un río. Empecé a preguntarme si el proceso de paternidad de Dios no incluye que nosotros le prestemos atención y le obedezcamos a fin de producir fruto o convertirnos en lo que se supone que debemos ser. Como sucede con mi planta de tomate.

Pero, ¿qué incluye realmente ese proceso? Fue en ese momento que volví a toparme con el Padrenuestro. Estaba en un imán pegado a la nevera en la casa de un amigo. Como había estado pensando en la paternidad de Dios, la palabra Padre saltó a la vista y me puse a leer la oración mientras me servía un vaso de agua. La oración dice así:

«Padre nuestro, que estás en el cielo,
Santificado sea tu nombre.
Venga tu reino, hágase tu voluntad
en la tierra como en el cielo.
Danos hoy nuestro pan de cada día,
perdona nuestras ofensas
como también nosotros perdonamos a los que nos ofenden;
y no nos dejes caer en tentación
mas líbranos del mal.
Porque tuyo es el reino, el poder y la gloria
por los siglos de los siglos, amén».

Me gustó que Jesús dijera que podíamos llamar Padre a Dios. Aunque había leído ese pasaje muchas veces, me pareció revolucionario bajo esta nueva luz. Desde niño siempre había pensado que ese pasaje era un simple ejercicio didáctico de Jesús para que la gente aprendiera a orar. En mi iglesia lo leíamos como si fuera una lista con puntos para chequear cada tema que debíamos cubrir al hablar con Dios. Por ejemplo:

1. Reconocer que Dios vive en el cielo y es la persona con quien estamos hablando.
2. Reconocer que su voluntad es más importante que la nuestra.
3. Pedir la provisión diaria y reconocer que Dios es quien provee para nuestras necesidades.
4. Pedir perdón por nuestros pecados.
5. Perdonar a todos los que se hayan portado mal con uno.
6. Pedirle a Dios que nos libre de meternos en líos.
7. Reconocer que Dios es grande y alabarlo.

Según me habían explicado la oración, supuse que si incluía todas (o al menos algunas) de esas ideas, mi oración se transmitiría con mayor claridad y Dios le daría respuesta. Era como tener bien escrita una dirección de correo electrónico. En otras palabras, era la forma correcta de orar.

Todavía pienso que así es en parte, pero me pregunté si acaso era algo más. Al leer otra vez el pasaje en Mateo, capítulo 6, lo vi de la manera en que John MacMurray había tratado de enseñarnos a leer la Biblia, preguntando primero a quién le hablaba Jesús, qué estaba tratando de comunicarles y luego preguntar si algo en el pasaje es útil para mi situación. Esto pareció abrir un poco más el pasaje y responder algunas de mis preguntas sobre las maneras en que Dios actúa como un padre.

En aquella ocasión Jesús habló a un grupo mixto de gente religiosa. Entre ellos estaban los judíos, que creían que una persona interactuaba con Dios mediante su obediencia a un sistema de leyes. También había gentiles o no judíos, que según Jesús interactuaban con Dios como si fuera una especie de amuleto para la buena suerte. Jesús dijo que sus oraciones eran repeticiones interminables sin ton ni son. De repente me di cuenta de que Jesús en su discurso no se propuso tanto enseñar a la gente a orar sino recordarles lo que habían olvidado en las Escrituras, que podemos relacionarnos con Dios de una manera personal. Sé que suena como lo mismo, pero me cuestioné para ver si no estaba limitando la enseñanza de Jesús pensando que se aplicaba al aprendizaje de una conducta y no a la adquisición de una nueva perspectiva.

Jesús estaba diciendo que deberían dejar de saltar por las arandelas del legalismo y de echar carreta como si pudieran manipular a Dios con palabrería. En lugar de eso, deberían relacionarse con Dios como Él siempre se había relacionado con ellos, como su Padre.

Leí varias veces más el capítulo 6 de Mateo y me di cuenta de que Jesús estaba diciendo exactamente lo mismo que John me había dicho en Lago Perdido, que Dios quiere que pensemos en Él como un Padre e interactuemos con Él como tal. En este pasaje de la Biblia, Cristo nos dio el curso básico de cómo hacer esto. Nos estaba mostrando lo que Dios hace como un Padre Divino y lo que deberíamos hacer como sus hijos.

De esta manera, Jesús reformó radicalmente mi manera de pensar acerca de Dios y de interactuar con Él.

Jesús nos permite vislumbrar los pensamientos de Dios al enseñarnos que cuando oramos, deberíamos encerrarnos en nuestro cuarto y orar a nuestro Padre que nos ve en lo secreto, y nuestro Padre que ve en lo secreto nos corresponderá.

Esto significaba para mí que Dios estaba dispuesto a tener intimidad conmigo. En cierto sentido, Jesús nadaba contra la corriente de la época que favorecía la oración en público y en voz alta para lograr que los demás pensaran que uno era piadoso. Me imagino que en ese tiempo a las mujeres les parecía sexy o algo por el estilo. Pero a Jesús no le interesaba en lo más mínimo orarle en voz alta y públicamente a un Dios indefinido. Su uso de la palabra Padre es enérgico y sin reservas. Esto contrasta marcadamente con la norma religiosa encontrada por Jesús, que había reducido a Dios a una deidad impersonal embrollada en reglas y rituales.

Además, Jesús nos estaba diciendo que la relación con el Padre debía ser sincera e íntima. Los oyentes de Jesús debieron quedar algo sorprendidos al enterarse de que su Padre no tuviera tapujos para acercarse a ellos.

Al parecer, lo primero que Dios quería en términos de nuestra relación con Él como Padre, era que nos sometiéramos a Él. *«Venga tu reino, hágase tu voluntad en la tierra como en el cielo»*, es lo que dice Jesús. No creo que Jesús haya dado a entender que a Dios le obsesiona tener el control a fin de sentirse poderoso. Él podría hacer eso fusionando átomos si se le antojaba. Más bien, al requerir nuestra sumisión me pareció que Jesús quiso decir: *Mira, vas a querer hacer las cosas a tu manera, pero tu manera no es lo mejor para ti. Créeme, yo sé qué necesitas de verdad.* Jesús había planteado esta noción en el párrafo anterior al afirmar que nuestro Padre en el cielo sabe qué necesitamos aún antes de pedírselo.

Sé que someterse a la autoridad no es lo más popular en estos días, pero lo que pasa con los padres, al menos en el caso de John MacMurray, es que siempre velan por los intereses de sus hijos. Ese simple concepto lo cambió todo para mí. Si Dios estaba tratando de ser mi Padre y sabía exactamente lo que yo necesitaba, si no obtenía algo que yo quisiera podía tener confianza que Dios no me lo daba porque no era algo que necesitaba. Creo que esto es parte de lo que Jesús quiso dar a entender cuando dijo: *«Hágase tu voluntad»*.

Así es como vi implementarse esta idea en el hogar de los MacMurray: Todos los días como a las seis de la tarde, Terri ponía la cena sobre la mesa y la familia se sentaba a comer. Cada noche, casi sin excepción, los niños empezaban a quejarse. A no ser que se tratara de croquetas de pollo y papitas a la francesa, habría problemas a la hora de la cena. Una noche, Cassy, que era bastante buena para convencer a la familia sobre ceder a sus antojos, se acostó en el piso de la cocina y se lamentó porque no quería comerse lo que Terri había preparado. John se puso junto al mesón de la cocina y la observó, tratando de no reírse. Ella se retorcía, se lamentaba y se quejaba pero John se quedó callado, sin dejar que ella lo manipulara. Finalmente, Cassy exclamó la frase ya famosa: «Papá, ¿cómo puedes hacerme esto?» John y yo nos tapamos la boca y desviamos la mirada para aguantar la risa.

Esto es lo interesante de la escena en cuestión: Cassy creía realmente que sus quejas tenían mérito. El dolor y la frustración que sintió aquella noche en cuanto a la cena fueron el mismo dolor y frustración que usted y yo probablemente sentimos al no conseguir el trabajo que queremos, el carro que deseamos o lo que sea. En retrospectiva, me pongo a pensar en todas las veces que me he preguntado, incluso en voz alta: *«Dios, ¿cómo pudiste hacerme esto?»*

En la situación de Cassy y John, él tuvo ciertas opciones como padre. Algo que habría podido hacer era botar la cena a la basura y preparar croquetas de pollo con papitas fritas. Seamos honestos, los niños cuyos padres hacen cosas de ese tipo se convierten en dictadores malévolos. Ceder a los antojos de Cassy en lugar de darle lo que necesitaba no podría considerarse un buen trato paternal. Por eso, si Dios me negara algo que yo quisiera significaba que podía confiar en Él en vez de exclamar: «*¿Cómo pudiste hacerme esto?*»

Lo que John hizo con Cassy fue explicarle que podía revolcarse todo el santo día en el piso de la cocina pero no iba a salirse con las suyas. De hecho, lo que iba a hacer era levantarse del piso, sentarse a la mesa y comer con el resto de la familia, así le tomara toda la noche. Él iba a darle todo el trato paternal que requiriera su madurez.

Nadie que observara la interacción de John con Cassy diría que él no fue un padre amoroso. El afecto mutuo de Cassy y John no disminuyó en absoluto. Es más, darle a su hija lo que necesitaba en lugar de lo que quería fue en sí mismo un acto de amor.

En la oración modelo, después de decirnos que necesitamos someternos a Dios, Jesús nos dice que Dios va a proveer, que podemos confiar en que Él velará por nuestras necesidades, hasta la más básica, la del alimento. A mi parecer, esto complementa lo que Jesús acaba de decir en cuanto a confiar que Dios nos dará lo que necesitamos para madurar en lugar de lo que nosotros queramos.

Jesús también dijo: «*Danos nuestro pan de cada día*».

Podría estar equivocado, pero creo que Jesús se refiere a mucho más que la comida. Pienso que habla de mantenernos con vida, de sustentarnos. Creo que ese pasaje es un reconocimiento de la capacidad de Dios para darnos seguridad. En los años que viví con los MacMurray, nunca me tocó ver a Chris salir al bosque con su escopeta de balines para cazar su cena. La cena siempre estaba servida en la mesa como a las seis, y tanto John como Terri siempre se sintieron muy gustosos en proveer sustento y abrigo.

Hace poco intercambié mensajes electrónicos con un viejo amigo de quien no había oído noticias en unos diez años. Desde la última vez que hablamos, mi amigo Dean se había casado y ya tenía dos hijos. Al principio nos pusimos al día sobre lo que habíamos hecho todo ese tiempo, y luego le pregunté acerca de su familia. En un mensaje conmovedor, Dean explicó lo mucho que sus hijos habían cambiado su visión de sí mismo y de su vida. Me habló de cómo, en los días cuando no sentía ganas de levantarse de la cama y salir a trabajar, oía las voces de sus hijos en el pasillo o sus risitas en su cuarto, y era suficiente motivación para darse un baño y ponerse la ropa del trabajo. Amaba a sus hijos y estaba motivado para hacer provisión para su felicidad y bienestar. A él le importaba más que ellos tuvieran buena comida, buenos libros y entretenimiento que sus propios antojos. Dean explicó que no lo cambiaría por nada en el mundo, que las cosas rutinarias de la vida como tener que trabajar se habían convertido en algo hermoso porque los motivos habían cambiado. Mientras leía el e-mail de Dean me pregunté cuánto vemos de Dios en el corazón de un buen padre que ama y provee para sus hijos.

Al detenerme a pensar en ello, hasta la noción de que Dios nos provea el pan de cada día debería verse como una invitación a la intimidad. Él quiere que dependamos de Él, que nos apoyemos en Él, que consideremos nuestra pequeñez ante la realidad de su grandeza. Nuestra provisión viene de Dios, es lo que Jesús parece decirnos, y cada vez que la pedimos confirmamos el amor que Él demuestra en su disposición a proveer. Fue una idea que me impactó, y supongo que por eso Jesús quiere que ese concepto sea incluido en nuestras oraciones. Sentí gratitud tras pensar en las muchas maneras en que Dios provee. Tal vez suene ingenuo, pero hizo que Dios me cayera mejor todavía.

Después Jesús explica que debemos perdonar a los que nos ofenden así como nosotros hemos sido perdonados.

John MacMurray diría que la idea de que Dios nos ha perdonado es en muchos sentidos la columna vertebral de la espiritualidad cristiana. Dios ha perdonado nuestros pecados, y no deberíamos negárselo a los demás cuando hemos recibido un perdón tan grande. Si vemos el pasaje a través de la lente de un niño que se pregunta qué querrá su padre, parece que Jesús también alude a un tema familiar para los MacMurray. La unidad es algo de gran importancia para John y Terri. Se la pasan diciéndoles a los niños que no peleen. Chris tiene prohibido poner la cabeza de Elle en el ventilador. No sé cuántas veces vi a John arrodillarse y poner el brazo alrededor de una de sus hijas, susurrándole al oído y guiándola en el proceso de pedir y dar perdón a uno de sus hermanitos. Los niños tuvieron que aprender a vivir juntos. No es algo que se dé naturalmente. Si no fueran guiados en este proceso, y si no fuera una regla familiar, ellos se volverían aislados y defensivos, y no estarían dispuestos a madurar. Por eso pareció bello que Dios quisiera que nos la lleváramos bien, que nos perdonáramos unos a otros y aceptáramos el perdón. También pareció hermoso que Dios no fuera solamente mi Padre, interesado en mi madurez únicamente, sino que era nuestro Padre, interesado en la unidad y el bienestar de la familia entera.

Tal vez se me haya ido la mano en la interpretación del Padrenuestro. No creo que ese sea el caso. Más bien, no lo interpreté lo suficiente todos esos años que me lo supe de memoria. Creo que este pasaje demuestra claramente una relación de Padre e hijo. Como venía diciendo, estas ideas me dejaron con una actitud de gratitud.

La oración termina con alabanza, un aspecto importante porque equivale a reconocer quién hace qué en la relación que tenemos con Dios. Jesús dice: «*Porque tuyo es el reino y el poder y la gloria, por los siglos de los siglos, amén*».

Supongo que si yo tratara de enseñarle este concepto a los niños, les pediría simplemente que oraran: «Dios, tú eres grande. Eres más grande que todas las cosas, y eso es asombroso. Tú eres el que tiene el poder, y siempre lo serás».

———

QUIERO DESCRIBIR a continuación mi práctica de estos principios. Yo solía sentir cierta desesperanza en cuanto a la vida. Daba por sentado que ella estaba en mi contra, que todo lo malo que pudiera sucederle a una persona me iba a ocurrir. Sentía como si nadara contra una corriente impetuosa. El estudio de este pasaje fue lo que cambió en parte esa mentalidad. Dios quiere ser mi Padre. Dios quiere ser nuestro Padre. Sé que si Dios me ama y quiere que triunfe tanto como John ama a sus hijos y quiere que triunfen, la vida no puede carecer de esperanza.

Aparte de eso, también se me ocurrió que yo necesitaba cambiar mi entendimiento de la espiritualidad. Es decir, necesitaba permitirle a Dios actuar como mi Padre. Necesitaba reconocerlo como Padre y someterme. En lenguaje tradicional podría usarse aquí el término arrepentimiento. En parte, eso significaba admitir que sí quería autonomía de Dios, admitir que deseaba andar mi propio camino, y pedirle que cambiara mi corazón. Uno de los problemas que tengo por haber crecido sin un padre es una especie de resentimiento frente a la noción misma de necesitar un papá. Tenía que admitir que necesitaba uno. Tenía que decirle a Dios que quería que fuera mi Padre.

Una de las escenas más tiernas y hermosas que se presentaban ocasionalmente en el hogar de los MacMurray era la tranquilidad y la paz que reposaba sobre los niños cuando dejaban de intentar salirse con las suyas. Cassy se levantaba del piso, caminaba hasta donde estaba su papá y estiraba los brazos haciendo pucheros todavía. Luego John la cargaba, se sentaba en el sofá y la mecía en sus brazos. Si John había regañado a Chris por algo y lo había enviado a su cuarto, Chris salía más tarde y aprovechaba que su papá seguía sentado en el sofá para subirse a sus brazos y clavar la cara en su cuello. A veces era como si los niños dijeran que lo lamentaban, porque no tenían edad suficiente para expresarlo con palabras. En otras ocasiones, quizá más tiernas todavía, los niños seguían frustrados y confundidos sin saber por qué no obtenían lo que querían o por qué se metían en líos todo el tiempo. En esos casos, acudían a su papá y se refugiaban en su abrazo más para sentir su amor *en medio* de la confusión y la dificultad, no porque se hubiera superado el impasse. Era como si le preguntaran si todavía los amaba, si la disciplina significaba que algo se había perdido en su valiosa relación con su padre. No era así. La disciplina es algo que hace un padre precisamente porque ama.

———

HAY ALGO MÁS que observé en el trato de John con sus hijos. En cierta ocasión Chris y Elle estaban enfrascados en un altercado y John sintió que había levantado la voz más de la cuenta al decirles que pararan. Unos cuantos minutos después, fue donde ellos y les dijo que lamentaba haberles gritado. A ellos pareció no importarles y no fue gran cosa, pero por alguna razón quedó grabado en mi mente como un acto interesante de un padre. La última vez que hablé con John le pregunté al respecto y me dijo que él trata de disculparse cuando se equivoca como papá, para que los niños sepan que son más importantes para él que su orgullo. Medio se rió cuando me dijo que se equivocaba más de lo que quisiera, pero luego dijo algo que me pareció pertinente para los que crecemos sin papás. John dijo que otra razón por la que se disculpaba era que no quería que sus hijos adquirieran percepciones negativas de Dios. Dijo que la manera como un niño se siente con respecto a su papá se proyecta a veces sobre Dios. Por eso, cada vez que se disculpaba por sus equivocaciones como padre, sus hijos sabrían que el error era de su parte y no tenía que ver con quién es Dios. Por lo menos, eso es lo que esperaba.

Esa idea me gustó porque reafirmaba que nuestros padres no son Dios. Pueden ayudarnos a entender quién es Dios y cuán bueno es, pero también pueden hacernos mucho daño. Por supuesto, Dios es Dios independiente de ello, y si aceptamos la Biblia como la verdad nos conviene creer que su trato paternal es perfecto.

Hay un texto magnífico en la Biblia que dice, esencialmente, que si nuestros padres terrenales saben cómo amarnos, imagínate cuán grande será el amor de Dios. Para mí eso significa que ni siquiera un padre terrenal muy bueno se compara con Dios.

Una parte de mí, y creo que es una parte en pleno crecimiento, que cree que si me someto a Dios, leo la Biblia, obedezco sus mandatos y hablo con Él sobre lo que sucede en mi vida, Él me llevará como un Padre a la madurez.

Conocer a Dios es algo que conlleva una humildad profunda. No me refiero a conocer a Dios como un amuleto ni como un genio de lámparas, me refiero al Dios que inventó el árbol que crece frente a mi casa, la belleza de mi amada, el sabor de una mora y el ímpetu de un río desbordado. Creo que existen muchas tendencias religiosas que ponen a Dios bajo nuestro control y nos dicen que si hacemos esto y aquello, Dios hará los trucos que le pongamos como un mono cirquero. En cambio, el Dios de verdad es espectacular y fuerte, con una pasión que lo abarca todo, y por razones que nunca entenderé, Él quiere ser nuestro Padre.

Capítulo 6

AUTORIDAD:
QUÉ HACER CON LA TURBULENCIA

Cuando era joven no confiaba en los hombres mayores. Es algo que solamente he logrado explicarme en años recientes. Sé que fui un chico más o menos raro, un poco atrasado en términos de madurez y siempre con algún tipo de arranque. No creo que muchos hombres me hayan tolerado en esa época de mi vida. Mi abuelo murió cuando yo era niño y, por supuesto, mi papá se había marchado desde antes que yo aprendiera a caminar. Después, uno de mis tíos dejó a mi tía y mi otro tío tenía sus propios hijos que criar al otro lado del país, así que la familia inmediata se quedó sin hombres. Ni hombres ni niños, únicamente yo y un montón de mujeres.

Por supuesto, me sentía fuera de lugar como varón, pero tampoco es que me sintiera más a gusto en compañía de otros hombres. Cuando pasaba tiempo con mis amigos y sus papás, sabía que no pertenecía al grupo. Hay algo que lo valida a uno por el simple hecho de ver a su papá hablando con los padres de sus amigos, porque uno es el hijo y no un cachorrito abandonado que encontraron en la calle. Por eso, aunque nunca lo supe entonces, crecí con un sentimiento constante de inseguridad, temiendo incluso alguna consecuencia adversa de ser quien era, con una especie de certeza subconsciente de que yo no estaba bien y que algún día pagaría por ello. Esa sensación de que no cuadraba me creó una desconfianza notoria de la autoridad, especialmente la representada por los hombres mayores.

A veces creo que la razón por la que no nos gustan ciertas personas es que nos sentimos inseguros al tenerlos cerca. Tal vez prefiramos atribuirlo a diferencias políticas y filosóficas, pero si somos honestos, lo cierto es que nos atraen las personas que nos validan y afirman, al mismo tiempo que evitamos y resistimos a quienes no lo hacen. Como yo no tenía papá, sentía que existía un club de hombres al que no pertenecía. Nunca lo habría admitido en ese tiempo, pero yo quería pertenecer. Lo quería con deses-peración. En el campamento de padres e hijos, sabía que Matt no era mi papá y que probablemente no quería estar conmigo. Sabía que a él le daba un poco de pena andar conmigo en un grupo de papás que estrechaban lazos con sus hijos. No habría podido expresarlo entonces, pero lo sentía. Cada vez que me encontraba con un hombre mayor, daba por sentado que no le había caído bien y que prefería ignorarme.

Sentía como si todos los hombres del mundo tuvieran reuniones secretas en alguna bodega para hablar sobre cosas de hombres, para intercambiar saludos secretos, para hablar de lo estupendo que era tener pene y lo fácil que era de manejar, de cómo se lanza un balón de fútbol americano o una pelota de béisbol, de cómo pescar y distinguir cada clase de pescado, y ser capaces de agarrarlo sin que salte por todas partes, y cómo lograrlo sin echar la cabeza para atrás ni cerrar los ojos. Seguro hablaban de cómo mirar a una mujer a los ojos y decirle que es la mujer de uno y que se ve bien en aquel vestido y todo lo demás, pero hacerlo de tal modo que los ojos digan que uno sí la ama pero que también sobreviviría sin ella, y también hablaban de cómo se maneja un camión con caja de cambios sin hundir el embrague hasta el fondo. Además, yo sospechaba que al final de cada reunión se ponían en un círculo y se recordaban unos a otros que bajo ninguna circunstancia me contarían a mí todas esas cosas.

Es absurdo, lo sé. Digo esto porque cuando uno crece creyendo que una comunidad entera de hombres tiene una fraternidad en la que uno no tiene permitida la entrada, esos hombres y su supuesto club van a caerle mal, y uno tiende a defender su propia hombría tratando torpemente de dejar embarazada a alguna muchachita. O trata de convertirse en hombre metiéndose en riñas de bar, o se da completamente por vencido y alberga amargura en silencio contra el concepto mismo de hombría. Y uno termina odiando a los hombres que tengan cualquier aspecto de autoridad. Uno los odia porque ellos lo odiaron a uno primero.

A veces creo que si una persona tiene padres que le comunican amor, termina con una personalidad que confía más fácilmente en los demás, se siente más a gusto, da y recibe con autoridad, etc. Es muy probable que ni tú ni yo aprendiéramos a confiar de esa manera. He pensado bastante en por qué luché tanto con la autoridad, y la mejor razón que se me ha ocurrido es que las inseguridades que sentí fueron aumentadas por el tono de indiferencia impersonal que percibí en quienes ejercían poder. La reacción natural a la indiferencia es renuencia, cinismo, amargura, ofensa y demás. Sin una figura paterna que representara una autoridad positiva, toda autoridad fue susceptible de sospecha y la comunicación con los guías provistos por Dios se frustró.

Yo no mostraba esa desconfianza. Me las arreglaba para ser llevadero, pero la amargura estaba allí, en lo profundo, y afectaba todas las cosas muy negativamente. Por ejemplo, si trabajaba para algún hombre y venía a darme órdenes como un perro bravo, yo pasaba el resto del día imaginándome varias escenas de mi renuncia al puesto. Desde el principio de la relación asumía que el otro tipo pensaba que yo era un perdedor y que no daría la talla. Un chico normal con una identidad saludable se pondría a trabajar sin aspavientos y se ganaría el respeto del tipo para mostrarle que sí es hombre, porque sabe que lo es. Yo en cambio, me ponía a buscar mil maneras para que me pagaran sin trabajar realmente. No es algo que me enorgullezca, pero desconocía la diferencia. Es decir, yo pensaba que así era y punto.

Al crecer, la condición empeoró. Organicé mi vida de tal modo que no tuviera que someterme a nadie, e incluso me enojaba con cualquier hombre que quisiera imponerme reglas. Claro, cuando uno crece en la iglesia hay un millón de hombres que quieren imponer reglas. En cada esquina hay un tipo mirando a otro por encima del hombro porque no está «actuando bien». Creo que yo daba por sentado que cualquier hombre mayor de veinte años que quisiera decirme qué hacer, lo hacía solamente para sentirse poderoso.

En mi vida nunca ha habido una conexión entre autoridad y amor. Incluso con John MacMurray, que ciertamente fue una figura de autoridad, no encontré la clase de amor que necesitaba. Un padre es un padre y punto, no hay substitutos. A veces me enojaba con John y me ponía amargado y no sabía ni por qué. Él me pedía que hiciera algo, que sacara la basura o lo que fuera, y tan pronto salía del cuarto la rabia se me subía al pecho con sentimientos de amargura y resentimiento, y lo que más quería hacer en el mundo era botar la basura en el patio del frente.

En realidad, ese fue el comienzo de una reflexión dura y profunda. No quería admitir que tenía problemas con la autoridad. Aun las veces que podía admitirlo, surgían los mismos sentimientos oscuros y pensaba que les caía mal a las personas que trataban de ayudarme con buenos consejos, que no les importaba si mi vida terminaba bien o mal, que por cierto no había allí un amor profundo, real e incondicional.

Todo se intensificó durante los años que viví con John y su familia. No te he contado todo. Hubo momentos en que aborrecí a John. No que él tuviera un montón de reglas o algo por el estilo. John prácticamente no las tenía. Pero como venía diciendo, yo operaba a partir de un sentido apriorístico de rechazo, incapaz de entender que John no era mi padre y no se suponía que debiera amarme como un padre.

De los cuatro años que viví con John y Terri, esto es lo único que lamento. Cuánto quisiera haber sabido que podía confiar en él. Es decir, quisiera haberle podido respetar y apreciar *en su lugar*, como amigo y como mentor, nada más. Si lo hubiera hecho, habría visto claramente lo mucho que significaba para mí.

Si te pones a pensarlo, esta desconfianza de la autoridad crea una sucesión atroz de dificultades. Si me pongo en los zapatos de John, él no tiene más alternativa que pensar que soy un chico malo. Es decir, él está haciendo todo lo que puede, actúa como mi mentor, me deja vivir en su casa, me incluye hasta cierto punto en su vida familiar y yo, en muchos sentidos, me porto como un ingrato: Haciendo más grande cualquier peculiaridad del carácter de John y prácticamente lo convierto en el malo del paseo.

Esta es la verdad del asunto, sin más rodeos: John MacMurray no es mi papá; mi jefe no es mi papá; el policía de tránsito no es mi papá. Mi papá se fue y eso es terrible. Ninguno de esos tipos va a reemplazarlo. Lo que significa que ellos no son responsables de decirme que soy un hombre. Cualquier amor o gesto amoroso que me brinden es un regalo, pero hacerlos responsables por el ultraje de mi padre biológico es inapropiado. La herida que tengo no está ahí por causa de ellos.

————

VOLABA EN UN AVIÓN de Chicago a Portland hace unos años y se me ocurrió conectar mis audífonos al receptor del apoyabrazos. Cuando uno viaja en avión, a veces puede escuchar las transmisiones radiales que entran y salen de la cabina. Tenía curiosidad por lo que los pilotos se decían entre sí, y como todo un neófito escuché un buen rato. Resulta que la mayoría de las transmisiones son acerca del estado del tiempo, para determinar si la aeronave se dirige o no hacia corrientes de turbulencia. El piloto contactaba al avión que iba más adelante por la misma ruta y pedía un informe del tipo de turbulencia que experimentaba, y luego contactaba al avión que acababa de despegar en Chicago para explicarle el tipo de aire que teníamos en el momento. El sistema era primitivo, pero inteligente. Hay vuelos entre Chicago a Portland todo el día, y los pilotos siempre están intercambiando reportes, advertencias y pronósticos para que todos viajemos sin sobresaltos y seguros.

Al escuchar a los pilotos hablar entre sí, se me ocurrió que la vida era muy parecida. Sé que suena simple, pero en ese momento me llegó como una revelación. Pude ver claramente que en la vida hay personas que nacen al mismo tiempo que otras van falleciendo, y los que llevan por decir algo veinte años de ventaja, enseñan a los más jóvenes qué clase de «condiciones atmosféricas» encontrarán al llegar a la etapa de la vida en que se encuentren. En ese momento me tuve que preguntar si acaso mi desconfianza en la autoridad me estaba costando algo.

Empecé a pensar en la sabiduría que nos es transmitida cuando tenemos figuras de autoridad en nuestra vida. Aprendemos un oficio mediante sumisión a la autoridad, adquirimos éxito académico y ética laboral sometiéndonos a nuestros superiores y, por encima de todo, aprendemos quiénes somos en realidad sometiéndonos a la autoridad. De igual modo, cuando hayamos ganado autoridad, podremos enseñar a otros en virtud de los muchos años que hemos sido enseñados. Por eso, un tipo como yo que es renuente a la autoridad, corre el riesgo de ser inútil en la vida. Me refiero a que no está recibiendo consejos sobre cómo vivir la vida, por eso tampoco es capaz de darles consejos a quienes vengan detrás de él. Claro, si de repente aconseja a alguien, no será con buenos consejos. Es decir, sus consejos no han pasado la prueba de los años y la experiencia.

Cuando hice la conexión entre los pilotos que despegaban y los que aterrizaban con su intercambio de información, y el trayecto de vida en que un hombre mayor transmite sabiduría a uno más joven, me pregunté de quién estaba recibiendo yo sabiduría. No pude pensar en una sola persona. Ni una sola. Supuse de inmediato que se debía a que no les caía bien a los hombres en puestos de autoridad. Pero ya me estaba poniendo muy viejo como para seguir creyendo eso.

Me tomó mucho tiempo conectar el hecho de que no me gustaba la autoridad con mi sensación de rechazo por parte de los mayores, y todavía más tiempo para darme cuenta de que seguía en búsqueda del mismo tipo de validación que debí haber recibido de mi padre, el tipo de validación que ningún hombre va a darle a alguien que no sea su propio hijo. Ese es un mal negocio para los tipos como tú y yo.

No obstante, también llegué a entender que no había ninguna reunión secreta de hombres que no me querían enseñar el saludo de los confiados. Los hombres son hombres sin más ni más, y la mitad de ellos viven escondidos y preguntándose si están haciendo lo correcto en esto de vivir la vida. Tenía que pedir mucho perdón. Una vez que entendí la importancia de la autoridad, empecé a darme cuenta de lo mucho que me beneficiaría pidiendo consejo a quienes iban frente a mí.

Todavía tengo problemas con la autoridad, pero es increíble cómo ha mermado la rabia. He aprendido a evitar figuras de autoridad que no se someten a nadie. ¿De qué sirve la sabiduría de un hombre a quien nadie le imparte sabiduría? También he descubierto que si te sientas con un hombre en el que confías y respetas y le explicas que nunca aprendiste en algún área de la vida, bien sean chicas o dinero, autos o computadoras, te sorprenderás de cuán honrados se sienten al ayudarte. Ellos prácticamente han vertido sus vidas enteras, por amor del cielo. De vez en cuando me siento con hombres que son veinte o treinta años mayores que yo, y les pregunto si ven algún punto ciego en mi vida, alguna falla de carácter y cosas por el estilo. Las respuestas que escucho siempre son alentadoras, y puedo oír en las voces de esos hombres, tanto como verlo en sus ojos, que realmente quieren que yo triunfe, que lo logre y prospere.

Sé que mi papá se fue hace mucho tiempo, pero eso no tiene por qué arruinar mi vida más de la cuenta. No fue fácil, pero ahora estoy prestando oído a las advertencias y aprendiendo a evitar la turbulencia.

Capítulo 7

HOMBRÍA:
EL EQUIPO ADECUADO

Muchos años atrás, asistí a un evento multitudinario llamado *Promise Keepers*. Fue una especie de campaña en la que miles de hombres se reunieron en un estadio de fútbol para dar chiflidos y celebrar lo mucho que amaban a Dios. Fue mucho más, pero esa fue la característica prominente. Se trató de un evento estrictamente religioso, pero me gustó. Todos los hombres cumplidores de promesas debían firmar un contrato y jurar ante Dios que se relacionarían con gente de otras razas, orarían todo el tiempo y se abstendrían de gritarles a la esposa y a los hijos. Asistí al segundo año del evento, cuando Promise Keepers apenas empezaba a ser un movimiento, y aunque no tenía esposa ni hijo a quien gritarle, fue una experiencia bonita. Me hizo sentir como si estuviera mejorando mi hombría y empeñado en ser mejor persona, oyendo conferencias, sacando apuntes y escribiendo ideas sobre los pasos que podía dar para sacar a relucir mi hombría espiritual. Cada conferencia incluía la elaboración de listas que debíamos seguir y la rendición de cuentas para cumplir todos los puntos en la lista.

Para ser honesto, no sabía que convertirse en un hombre incluyera tanto papeleo.

El concepto de hombría era relativamente nuevo para mí. Tal vez porque crecí sin la influencia constante de un hombre, no estaba al tanto de la identidad única que pertenece exclusivamente a los hombres. Sabía que éramos más fuertes, en general, y que somos más obvios cuando decimos mentiras, pero aparte de eso ignoraba las distinciones. Cuando aprendí acerca de las distinciones, me quedaron gustando. De cierto modo, la campaña de los Promise Keepers me ayudó a entender por experiencia propia lo que se supone que un hombre debe ser y cómo se debe sentir. Y yo absorbí los rituales, y aclamé fuertemente en las alabanzas, y anoté mis apuntes, sintiendo todo el tiempo que era una especie de rito de paso. Supuse que ya era un hombre porque había asistido al rally. Había pagado mi entrada y el encargado de la taquilla no vaciló en darme una credencial.

Pero el sentimiento de hombría fue de corta duración. Como parte de nuestro acuerdo con Dios, debíamos participar activamente en un estudio bíblico, lo cual no hice. Había un estudio bíblico en mi iglesia pero algunas mujeres asistían y eso derrotaba el propósito de «afianzar la hombría», así que dejé de ir. También se suponía que debíamos incluir personas de otras razas en nuestra vida, y eso me emocionó hasta que me di cuenta que no conocía a nadie de otra raza. Por ejemplo, una vez en el centro comercial me acerqué a varios negros para explicarles mi dilema y me miraron confundidos.

A la larga, el experimento fue un fiasco. Sin embargo, todavía abrigo la esperanza de que nunca le gritaré a mi esposa ni a mis hijos. Esta promesa es muy fácil de cumplir en la actualidad porque no tengo esposa ni hijos. Tengo como regla no gritarles a las esposas ni a los hijos de mis amigos, y siento que es buena práctica para cuando lleguen los míos, pero ellos me dicen que no hay nada como la experiencia real para poner a prueba el carácter de un hombre. Sea como sea, el evento de los Promise Keepers me dejó iniciado, pues había despertado en mí la idea de convertirme en un hombre de verdad, un hombre de Dios y un hombre ejemplar. El problema es que yo no había cumplido ninguna de las promesas y eso sembró en mí la duda de que tal vez yo no era auténtico. Si hay algo que ese congreso de hombres insinuaba sin pelos en la lengua, era que había hombres de verdad y hombres de mentira. Por ejemplo, vendían una calcomanía de parachoques que decía: «Los hombres de verdad aman a Jesús». Por muy esperanzado que me sintiera en cuanto a mi ajuste a tal definición, yo sabía en lo secreto que no era esa clase de cristiano. No era la clase de cristiano que es bueno para cumplir reglas.

Si fuera honesto conmigo mismo, habría admitido que no sabía con exactitud qué era un hombre. El congreso de hombres me enseñó qué hace un hombre y cuán ensordecedores deben ser sus chiflidos, pero aparte de la lógica superficial de una calcomanía de parachoques, Promise Keepers no definió el término. Me quedé buscando una definición general, porque si tuviera una definición general de lo que es un hombre, sabría de inmediato si yo lo era o no.

Más adelante asistí a una iglesia en los suburbios donde finalmente encontré una reunión para hombres en la que se hablaba de cazar y comer animales silvestres, y yo me sentía como un idiota en medio de ellos, fingiendo que me entretenían con sus historias de acechar y dispararle a venados, y de cómo el amigo de fulanito se metió a una cueva y mató un oso mientras dormía. Lo cierto es que nunca me divertí. Ni siquiera me interesaba el tema, aunque salí mucho de pesca con mi mejor amigo Roy cuando era chico. Para mí pescar era algo que hacía por pasar tiempo con un amigo. Tampoco nunca salí de cacería ni tuve una inclinación particular a los deportes. Me gustaban algunos filmes de guerra pero me gustaban más las películas con drama humano como *El Club de los Cinco* y *Karate Kid*, películas en que los sabihondos prevalecían por encima de las convenciones sociales para que pudieran salir con las chicas más lindas. No me compenetraba en absoluto cuando empezaban las analogías futbolísticas en el grupo de hombres, y cuando se la pasaban hablando de cómo en nuestras vidas espirituales somos como los personajes de la última película sangrienta, excepto que cuando matamos gente es en sentido metafórico. Me seguí preguntando si al fin yo era uno de los muchachos, si realmente era un hombre. Me pregunté por qué no podrían hablarle a alguien a mi nivel. Pensé, por ejemplo: ¿por qué no hacen una reunión de hombres en la que hablemos sobre cómo se las arregló Duckie para besar a Molly Ringwald en *La Chica de Rosa*, y cómo algún día todos besaremos a Molly Ringwald, en sentido metafórico? Sabía que si nos dividíamos en grupos pequeños y ellos empezaran a contar historias de cómo la fe se parece a matar a un oso dormido, mi contribución de cómo la fe se parece al último álbum de The Cure no iba a motivar a nadie.

Así es como terminé deambulando en la neblina por mucho tiempo. La hombría parecía un bulto que me habían pasado por accidente. Sabía que tarde o temprano alguien me iba a explicar que yo realmente era una lesbiana con pene, y si así lo quería podría seguir viendo fútbol universitario pero que me convendría bajarle el tono a mi interés en la post-temporada de béisbol ya que era un territorio reservado a los hombres que habían matado osos durmientes, o para hombres que amaban a Jesús.

Por supuesto, los sentimientos de rechazo siempre se convierten en resentimiento, y al poco tiempo empezó a mortificarme el hecho de que me hicieran sentir poco viril. Comencé a pensar en lo estúpido que alguien tendría que ser para creer que la vida es como una de las películas en la serie *Alien*, y que Jesús se parece a un boxeador con acento de Philadelphia. Ya no me aguantaba las reuniones de hombres y me la pasaba mirando al techo, hasta reemplacé con sarcasmo el típico amén con que se terminan las oraciones por un sonido gutural y grotesco, como si estuviera diciendo *manos a la obra* en tono de burla. También me ponía camisetas de los corredores de carreras de Nascar y me inventaba anécdotas como la de haber pasado los últimos dos días persiguiendo una ardilla rabiosa en el sendero de un bosque aledaño. *Esos animalejos son como para chuparse los dedos*, decía en mi mejor acento campechano. *Las ardillas comunes no acumulan grasa porque tienen que mantener el equilibrio al correr por las líneas telefónicas, en cambio las montañeses se ponen tan grandes como gatos caseros...*

Para sorpresa mía, mi prestigio se elevó entre los asistentes al estudio bíblico y un día me pidieron que diera la enseñanza. Hice una serie titulada *Las porristas le hacen barra al enemigo*. Trataba acerca de cómo las mujerzuelas de la Biblia les arruinaban la vida a los hombres piadosos. Por supuesto, la hombría superficial campechana no se puede fingir indefinidamente, y el pastor se enteró al poco tiempo que yo tenía la colección completa de John Hughes en DVD y me suspendió del puesto de enseñanza hasta nuevo aviso.

Una vez más, me sentí excluido.

No obstante, empecé a preguntarme si no habría alguna clase de espíritu masculino que Dios puso en cada hombre y que fuera más genérico, algo que incluyera a los hombres que mataban osos dormidos pero también al resto de nosotros. Sabía que nada de eso era científico, pero esto es lo que tenía en mente: Las mujeres tienen una especie de espíritu genérico que es muy dulce y bondadoso, bello como una flor. En los hombres hay algo distinto que se parece más al espíritu de un tractor o una calculadora. Es más, me pregunté cómo se confirmaba la presencia de ese espíritu, cómo podía saber una persona con certeza que lo tenía.

———

YA TE CONTÉ que mi mejor amigo en la infancia se llamaba Roy. Su papá era hombre por excelencia, un pescador que trabajaba en las torres de extracción de petróleo en el golfo de México. Tenía en el patio un cobertizo anaranjado inmenso para sus herramientas, un armatoste de hierro tan pesado que se necesitaba un monta-cargas para moverlo. Roy y su papá se la pasaban en el patio todo el tiempo, trabajando en su lancha o arreglando el automóvil. El interior de la casa de Roy le pertenecía a su mamá y por eso siempre olía a rosas o a galletas de mantequilla de maní, en cambio el patio pertenecía a los hombres y olía a aceite quemado y peces muertos. Yo solía visitarlos y sentarme en una llanta para hablar con Roy mientras él se agachaba junto al carro de su papá, pasándole herramientas y repuestos. Aunque Roy era menor que yo un par de años, parecía poseer cierto tipo de conocimiento que le permitía hacer sin problema lo que sólo un hombre puede hacer. Era un conocimiento que yo no poseía, el conocimiento que, como descubrí en el rally de los Promise Keepers, no me había tocado a mí. Sé que la razón por la que Roy sabía todo eso y yo lo ignoraba era porque tenía un papá que ratificaba su hombría. Aprendí por experiencia que ese conocimiento no se puede adquirir en un congreso de hombres ni en una comilona de cazadores aficionados. Se necesita algo más.

La noción de que la hombría es algo que se transmite de padre a hijo no ha sido un concepto muy agradable. Un escritor llamado John Eldredge habla al respecto en su libro *Salvaje de corazón*. Dice que todos llevamos una «herida paterna», y a no ser que nuestro padre nos convenza de que tenemos lo que se necesita para salir adelante, lo más probable es que iremos de fracaso en fracaso por un buen rato. La primera vez que leí *Salvaje de corazón* lo arrojé al otro extremo de mi habitación. Detesté el libro y detesté a todos los que me dijeran que me había perdido algo por haber crecido sin un papá. A mi compañero de cuarto en aquel tiempo le encantó, y cierta noche en una caminata larga desde una cafetería, me explicó amablemente que el autor procede luego a explicar cómo Dios quiere sanar la herida paterna y que nuestra identidad masculina procede de Él, y cómo interviene cuando nuestros padres se echan para atrás. Retomé el libro y lo leí con fervor. No voy a entrar en detalles, pero es una lectura amena y lo recomiendo mucho. De lo que sí quiero hablar es de cómo adquirí el conocimiento sin recibirlo de mi padre biológico.

Mi convicción actual en cuanto a la hombría es que reside en el interior de cada varón desde una edad muy temprana. A veces es despertada y en otros casos queda latente. No importa cuántos años tenga, hombre es hombre y hombre se queda.

Yo tenía pensado que la hombría empezaba al cumplir los cincuenta años, que antes de eso era normal pasarse la vida jugando videojuegos, pero hace un par de años vi algo que me hizo cambiar de parecer. Mi mamá solía ir a los barriales al sur de Houston para llevarles chicle a los niños necesitados. Ella conseguía un balde lleno de goma de mascar y el sábado, en medio de un calor insoportable, iba de puerta en puerta tratando de alcanzar a las familias inmigrantes que trabajaban en el campo y vivían en casuchas de tablas y colchones sin camas, en casas móviles corroídas por los huracanes y el olor de la pobreza. Mi mamá buscaba a los niños, les daba un pedazo de chicle y luego les decía a sus padres, en el español que alcanzara a recordar, que quería volver el día siguiente para llevar a los niños a la iglesia. Iba a venir en un bus, les decía mi mamá, y ellos solamente tenían que esperarla junto a la carretera. Al día siguiente mi mamá conducía un viejo bus escolar y recogía un montón de niños, a veces más de setenta en un solo viaje, los llevaba a la iglesia y les enseñaba acerca de la Biblia.

Un sábado fui con ella a visitar a una familia cuya «casa móvil» había sido destruida por un incendio. La familia estaba en el proceso de mudarse a otra diminuta en la que iban a acomodarse más de diez personas. Mi mamá oyó que la familia necesitaba una lavadora y estaba haciendo las diligencias para mandarles una. Llegamos a la casa y nos saludó un niño de unos diez años. En cuestión de segundos, me di cuenta de que no se trataba de un niño común y corriente. Cuando me dio la mano y oí su voz percibí la confianza de un adulto. El niño les dijo a sus hermanas que estaban jugando en el patio que tuvieran cuidado para no untarse de barro. Les habló con la autoridad y bondad de un padre. La mamá del niño salió a la puerta y él le tradujo al español, explicando que esa era la mujer que iba a traer la lavadora. El niño le dijo a su mamá que él se encargaría de traer el aparato y que ella no se preocupara, luego se dirigió a nosotros y nos dio las gracias, explicando que eso era algo que necesitaban y que sería de mucha ayuda para la familia. A mí se me olvidó por completo que estábamos tratando con un niño.

De inmediato empecé a cuestionar mi propia madurez a esa edad. Cuando tenía la edad de ese niño me pasaba el tiempo pescando en el arroyo junto al ferrocarril o jugando videojuegos. Durante mi adolescencia, mi preocupación más grande era ajustarme al ambiente escolar y tener un automóvil decente. Me la pasaba en una montaña rusa de emociones, sin saber muchas veces si iba a pasar un examen para el que no había estudiado.

Acordarme de aquel niño precipitó mi desacuerdo con el famoso eslogan que decía: «Los hombres de verdad aman a Jesús». De pronto el niño amaba a Jesús, ni tengo idea, pero en ese momento me di cuenta de que muchos se engañan creyendo que no son hombres de verdad hasta que hayan leído algún libro, seguido ciertos pasos o adoptado cierta religión. No me malinterpretes, sé lo mucho que necesito a Jesús y de hecho estoy enamorado de Él, pero no creo que alguien que no ame a Jesús sea menos hombre que un cristiano. No creo que ser «un hombre de verdad» tenga que ver con amar a Jesús en lo más mínimo, más que ser un hámster tenga que ver con montar una bicicleta.

Pasé mucho tiempo creyendo que no era un hombre porque no me gustaban las analogías futbolísticas o porque no quería poner una calcomanía cursi en mi carro, o al fin de cuentas, porque no tenía un padre. En un sentido, los tipos que promueven esta definición de la hombría son inocentes y tienen buenas intenciones. Sé que sólo se proponen que los hombres dejen de gritarles a sus esposas. Lo que pasa es que sus tácticas chocaron con mis inseguridades y me dieron una picada. Dile a un tipo que creció sin papá que no es hombre a no ser que... y automáticamente supondrá que no lo es. Yo no necesitaba manipulación. Necesitaba afirmación.

La conclusión a la que he llegado es más lógica que emocional. No es culpa mía que mi papá se haya ido ni tampoco que mi identidad como hombre nunca haya sido afirmada. Tuve que creer a pesar de las dudas. Tuve que aceptar los términos «hombre», «hombría» y «virilidad» como términos biológicos, y mientras las tácticas de ventas apelaban a las emociones, tuve que enfocarme en los hechos. Esto es lo que quiero decir:

Un par de años atrás me pidieron que hablara a un grupo de novecientos hombres. Como la mayoría estaban en la secundaria, empecé la sesión preguntando qué era un hombre real.

—¿Cómo definirían ustedes lo que es un hombre real? —pregunté a los asistentes que estaban sentados y muy callados; una mano se levantó lentamente.

—Un hombre real es alguien que provee para su familia —dijo un chico con timidez.

—Bueno, eso es cierto —confirmé—. Ciertamente es algo «bueno» que un hombre hace, pero no creo que uno tenga que hacer eso para ser un hombre de verdad. ¿Alguien más?

—Un hombre real es honesto, no dice mentiras —gritó un chico.

—Muy bien. Pero yo diría de nuevo que eso es algo que hace un buen hombre, no es una condición para ser hombre. ¿Quién más quiere jugar?

—¡Un hombre de verdad maneja un todo terreno! —gritó con sarcasmo otro asistente.

El grupo soltó la risa.

—No es la condición exacta que estoy buscando —dije riéndome también.

El grupo se quedó en silencio un rato porque fue obvio que no habían dado con la respuesta correcta.

—Bueno —dije—, saquen un pedazo de papel porque voy a darles la definición de un hombre real. Ustedes van a repasar esta información en los próximos años porque habrá momentos en los que se preguntarán si son hombres de verdad, y esta es una manera segura de averiguarlo —luego esperé a que todos estuvieran listos para escribir.

—Déjenme darles la definición de Dios de lo que es un hombre real. He buscado en toda la Biblia y he pensado mucho en el asunto, y por fin he encontrado la condición indispensable. Si ustedes la tienen, entonces, según Dios, son hombres de verdad —el grupo me miraba con ansiedad, algunos sabiendo que sin importar qué dijera yo, ellos cumplirían con la condición, mientras otros me miraban sabiendo que sin importar qué dijera yo quedarían excluidos.

—La definición de un hombre según Dios —dije haciendo un movimiento con la mano para indicarles que debían escribirlo—, es... —continué—, una persona... —hice una pausa dramática, esperando que todos fueran a la par—.

Una persona con... —dije haciendo otra pausa, preparando a los presentes para aquella condición indispensable de un hombre, la señal definitiva de lo decretado por Dios en el cielo, el sello con que Dios en su infinita sabiduría y perfección ha respaldado nuestra hombría—, una persona con... —repetí, esperando a que todos los ojos estuvieran enfocados en mí, y luego dejé salir el gato de la bolsa—: «¡un pene!»

Apenas dije eso, muchos quedaron boquiabiertos. Algunos chicos en la parte de atrás empezaron a reírse de inmediato, los del frente me veían confundidos y algunos adultos dejaron caer sus lápices. Luego, lentamente, las risitas de atrás se convirtieron en carcajadas y la risa se extendió hasta el frente.

Aunque me estaba divirtiendo de lo lindo, también hablaba en serio. Había sido una larga travesía para mí, una travesía repleta de duda y temor, y la única respuesta que conseguí fue que todos los comerciales, todas las tácticas de ventas que me decían que no era un hombre de verdad si no compraba este o aquel libro, o si no usaba aquella crema de afeitar o si no me acostaba con alguna porrista, eran un costal de mentiras. Si tienes pene, les dije a los asistentes aquel día, Dios se ha pronunciado.

Les conté la historia del niño en aquel barrio pobre de Houston que era líder en su familia, y de cómo aquello que Dios deposita en un hombre ha estado en todos y cada uno de nosotros desde nuestra niñez, y de cómo la opulencia de nuestra sociedad ha fomentado algo que se puede llamar «adolescencia suspendida», de tal modo que algunos no nos hemos apropiado de la verdad de que somos hombres, y en lugar de eso vivimos como niños. Sin embargo, lo que yo quería realmente que todos los presentes supieran es que sí eran hombres, así que se los dije. Les pedí que me miraran a los ojos y les dije: *Ustedes son hombres. Algunos aquí jamás lo han oído, pero quiero decirles que ustedes son hombres. No son niños ni bebés, tampoco son mujeres, son hombres. Dios ha hablado, y cuando Dios habla es la voz de la mayoría. Tú eres hombre.*

Normalmente no parezco predicador, pero sabía cuán dolorosa puede ser la travesía y cómo algunos de ellos jamás lo creerán realmente. Luego me enteré que más de la mitad de los asistentes al evento no vivían en un hogar con sus padres biológicos. Apenas puedo imaginar la clase de mensajes que estaban recibiendo en cuanto a su identidad.

Ahora bien, la dura verdad del caso es que solo porque Dios nos haya hecho hombres no significa que estemos terminados. Sé que la trayectoria de un hombre es difícil y hay fuerzas que siempre se opondrán a nosotros. Disfruto la lectura de libros sobre la hombría, siempre y cuando se abstengan de manipular con tácticas de ventas. Hay varios libros sobre este tema escritos por hombres que realmente tratan de hacernos entender esta travesía. Al leer estos libros nos sentiremos a veces tentados a creer que no tenemos lo que se requiere, pero dudo que alguno de sus autores se haya propuesto crear un club exclusivo que nos elimina como posibles miembros. La profundización en el tema de cómo hacer nuestro recorrido por la vida como hombres no es algo que yo pueda hacer mejor que esos escritores, pero creo que tiene mérito repetir que si Dios ha hablado, el viaje nos pertenece a ti y a mí tanto como a los hombres que hayan crecido con un papá. Además, es un viaje en el que vamos nos guste o no.

Para mí, la noción de que Dios ha hablado y que tiene la palabra final es un alivio enorme. Si empiezo a dudar de mi hombría, si dudo que tenga lo que se requiere, simplemente tengo que meterme al baño más cercano y revisarme los calzoncillos. Si Dios ha hablado, tengo en mi interior lo que se requiere para hacer las cosas que un hombre necesita hacer, para convertirse en un buen hombre para una mujer, para un par de niños, para una oficina, para lo que sea que Dios quiera que haga.

Capítulo 8

DECISIONES:
CÓMO EVITAR LA CÁRCEL

Mi amigo Travis me dijo hace un año que tiene miedo de terminar un día en la cárcel. Hasta entonces, nunca había conocido a otra persona con el mismo temor. Travis no se mete en líos ni yo tampoco, pero ambos tenemos miedo de ser procesados como reos algún día. En mi caso, tiene que ver con multas de tránsito y evasión de impuestos.

No pagué impuestos un par de años. Empecé a ganar algo de dinero y por fin me senté con una contadora para que me ayudara a llenar los formularios, pero incluso con su ayuda fue un infierno puro. No tolero los formularios. Además, solía ser pésimo para pagar multas de tránsito, no porque incluyeran formularios sino porque suponía escribir un cheque, que es una especie de formulario. Se han llevado mi auto remolcado más veces de las que puedo contar. Para mí era normal recibir multas en el correo, avisos judiciales y cosas por el estilo, y recuerdo haber pensado en más de una ocasión que si dejaba el sobre sin abrir la multa no tendría que ver conmigo. Mejor dicho, no es lo que pensaba exactamente sino más bien lo que sentía que podía ser cierto. Las cartas se amontonaban en mi clóset o junto a mi cama y yo no les prestaba atención.

La mayoría de tipos como yo se casan y hacen que sus esposas los ayuden con esas cosas, pero yo no estoy casado y ninguna de las mujeres que conozco quiere revisar mi correo. Nunca fui a la cárcel por todo eso aunque siempre pensé que podría, y todavía temo que mi pasado toque a mi puerta vestido de uniforme y con una orden de arresto por aquella multa en Kansas o de aquel fin de semana en Georgia.

Sigo siendo un poco irresponsable, pero no es tan grave como antes. Se me olvida pagar alguna tarjeta de crédito de vez en cuando, pero me encargo de las cuentas grandes. Casi todo se puede automatizar en la actualidad, así que ese ya no es el caso. El hecho es que aprendí a tomar buenas decisiones.

Lo que trato de decir es que tuve que llegar a un punto en que empecé a asumir responsabilidad por mi vida. Tuve que abrir los sobres, así no sintiera ganas de hacerlo. Era ineludible, sabía que si no lo hacía me convertiría en uno de esos tipos que tienen al carro lleno de papel periódico, desechos de comida rápida y muñequitos de peluche colgados en la ventana trasera. Abrir el correo no fue lo único que me tocó afrontar. También tuve que llegar a tiempo al trabajo. Tuve que pagar impuestos. Tuve que conseguir seguro de conductor. Es difícil creer que pasé diez años de mi vida en la neblina difusa de la irresponsabilidad, sintiendo que si ignoraba las demandas estas cesarían o que podría apelar por razones de ignorancia ante el juez. La dura verdad es que las demandas no cambian, únicamente se agrandan y se vuelven más adultas, y las consecuencias del descuido empeoran hasta que en menos de lo que uno piensa, todo se desmorona. A mí me pasó en la oficina de impuestos nacionales en el centro de la ciudad, sentado frente a una numeraria sexy a quien no le impresionó para nada mi monólogo acerca de cómo tenía que navegar un universo lineal desde la cabina de mi cerebro derecho:

—Mira, es que nunca he sido bueno para las matemáticas, prefiero la poesía. ¿Tú lees poesía? Me gusta mucho Dylan Thomas, pero tú me das la impresión de ser una romántica, Byron y toda esa vertiente.

La funcionaria se echó para atrás en su asiento, cruzó las piernas y habló sin emoción:

—Usted nos debe diecisiete mil trescientos dólares y noventa y tres centavos.

Lo dijo inclinando lentamente la cabeza a un lado, como si acabara de declamar un poema.

—¿Shakespeare? —pregunté en broma.

—El tío Sam —dijo sin sonreír.

No creo que haya logrado interesarla en mí. Al fin de cuentas, a las mujeres les atraen realmente los hombres que tienen su vida bajo control. Dudo que haya muchas mujeres fascinadas con la idea de vivir en una caja de cartón debajo de un puente, chupando una pastilla de caldo mientras su hombre lee Emerson. No creo que sea lo que más apetezca a las hormonas de la psiquis femenina. Ser irresponsable se considera medio tierno hasta los veintidós, después de eso se convierte en un rasgo indeseable. Un buen día despertamos con una caja de pizza encima, la televisión a todo volumen en el cuarto, la ropa sucia amontonada sobre lo que podría ser una mesa de noche, y nos preguntamos: *¿Cómo se convirtió mi vida en esto? ¿Por qué no le caigo bien a la gente? ¿No tenía un gato? ¿Qué será ese olor?*

———

HOY VI EL PERIÓDICO, en la primera página del *Portland Tribune* pusieron treinta fotos de delincuentes. Hay una gran controversia en la ciudad sobre los presos que dejan salir de la cárcel porque no hay dinero suficiente para mantenerlos en prisión. Hay gran revuelo en la ciudad, es algo increíble. Yo estaba tomando café y viendo esas fotos, algunos tipos se veían como yo un par de años atrás, como de veinticinco años sin aspecto de presidiarios, bastante normales y cuando leí las razones por las que estaban en la cárcel me di cuenta de que yo mismo habría podido hacer las mismas payasadas en mi época. Por ejemplo, manejar en estado de ebriedad, meterse en peleas en bares o portar armas sin licencia. Estaban presos por delitos comunes y normales. Luego me puse a ver detenidamente a los tipos y no solamente las fotos. Cuando uno de verdad ve a una persona, se empieza a preguntar cómo será su vida, dónde creció y cómo llegó a ser quien es en la actualidad. Me pregunté cuánto detestarían salir en el periódico, porque si estuviera en sus zapatos sé que en algún lugar alguna chica que me gustara me reconocería. Hay ciertas chicas a quienes les atraen los tipos con tendencias delictivas, pero yo nunca me he sentido atraído a esas chicas así que la publicidad no sería de mucha ayuda.

No soy alguien que crea que la gente que está en la cárcel sea peor que yo sólo porque estén ahí. Es cierto que algunos defectos en nuestro carácter se derivan de dinámicas sociales complejas y no de *la responsabilidad* individual exclusivamente. Me refiero a que los presidiarios o la gente que ha arruinado su vida han tomado decisiones verdaderamente malas, pero ¿qué tal si tomaron malas decisiones porque nadie les enseñó a tomar las buenas? Yo solía creer en la idea de que algunas personas nacen en familias excelentes y tienen la universidad pagada, mientras otros nacen en la pobreza y no reciben esa clase de beneficios en la vida. Mejor dicho, los ricos son cada vez más ricos y los pobres se empobrecen más cada día. Esto es cierto, en términos generales. Supón ahora que aparte de eso los exitosos alcanzan el éxito porque toman buenas decisiones, y que lejos de ser un legado genético, el arte de tomar buenas decisiones puede aprenderse.

Dicho de otro modo, no creo que un tipo que sea un abogado exitoso sea diferente de otro que fue a parar en la cárcel. Todos somos carne y hueso por igual, un montón de tejidos y sustancias químicas. La diferencia principal entre el abogado y el presidiario es que en algún momento de la vida, el abogado aprendió a tomar buenas decisiones como abrir los sobres que llegaban a su buzón y pagar las primas del seguro, etc.

Ochenta y cinco por ciento de los integrantes de la población carcelaria crecieron sin padre.

Aquellos que crecimos sin papá, que tuvimos madres solteras aquejadas por el peso de sostener un hogar, no fuimos al colegio el día que enseñaron sobre el asunto de la responsabilidad. No creo que la situación se explique porque haya alguien por ahí haciendo algún vudú. Esa es la mala noticia. Pero, antes que empecemos a lanzar ladrillos contra las ventanas de los chicos privilegiados, deberíamos saber que lanzar ladrillos contra las ventanas de los chicos privilegiados es una mala decisión. Es así de sencillo. Hay malas y buenas decisiones, y si una persona toma una serie consecutiva de buenas decisiones y la continúa, es probable que le vaya bien. Cuando hablo de «irle bien» me refiero a que probablemente no va a terminar en la cárcel, ni siquiera por equivocación. Solamente porque crecimos sin papás o la vida fue difícil mientras crecimos, no significa que tengamos que ser completos necios el resto de nuestra vida. Podemos ser tan exitosos como cualquiera, siempre y cuando aprendamos un par de cosas. Si uno lo piensa, hay gente que lo logra todo el tiempo, cuando se lo proponen salen del barrial o lo que sea, ganan buenos ingresos, proveen para sus familias y cambian la dirección de su legado.

El cambio empezó para mí cuando salí de la oficina de impuestos nacionales. Me di cuenta que todos mis problemas eran responsabilidad mía. Había tenido la cabeza metida en la arena y había dejado que la vida me pasara por encima. Era como un jugador de baloncesto que se pone a leer un libro en la mitad de la cancha, mientras el juego sucede impávidamente a su alrededor. La realidad era algo que sucedía a mi alrededor y no se iba a detener así yo me la pasara construyendo castillos en el aire.

También caí en cuenta de algo más: que la razón por la que tenía la cabeza en la arena no era que detestara a los privilegiados o a las instituciones. La razón por la que no pagaba impuestos era que estaba convencido de que la vida era un juego y a mí no me habían invitado a jugar. Tenía que ver con todo aquello que mencioné en los capítulos anteriores. No sabía que podía jugar, y no sabía que podía triunfar. Lo sabía en el sentido cognitivo, los hechos me decían que podía participar y la carne en mi esqueleto confirmaba que sí tenía pulso. Me refiero a un hallazgo muy en lo profundo de mi ser, una revelación de que la vida me había sido dada como un regalo, como una especie de reto, juego o batalla, mejor dicho una aventura, y que Dios mismo podría estarme pidiendo que me despertara y tomara las riendas.

Tomar las riendas consiste realmente en tomar buenas decisiones. Para ti y para mí, va a ser difícil. Tomar buenas decisiones es como aprender otro idioma. Hay gente que nace en hogares franceses y pueden aprender a hablar francés de corrido, otros nacen en hogares donde reina la sabiduría y van a tener mucha más facilidad para tomar buenas decisiones que nosotros. Pero nosotros podemos aprender.

Mi primer paso fue a pura fuerza de voluntad, lo cual nunca funciona. Decidí que iba a hacer una limpieza general de mi vida. Compré un planeador diario y me puse a escribir ahí cosas como *lavar el carro y encontrarme con alguien en tal parte a tal hora*. Ponía esas cosas por escrito porque ver las páginas en blanco todo el tiempo me hacía sentir como un perdedor. En cuestión de una o dos semanas noté que había vuelto al mismo lugar donde empecé. Se me volvía a olvidar el pago de cincuenta dólares para liquidar mi deuda con los impuestos, o insultaba a algún tipo que me cayera mal. Pero fue entonces cuando conocí a un hombre llamado Salome Thomas-El. Bueno, no lo conocí en persona pero sí lo vi en televisión.

Cierta noche tenía problema para conciliar el sueño, así que encendí el televisor y vi a Charlie Rose entrevistando a Salome Thomas-El. Era un profesor negro de secundaria en Philadelphia y tenía un presencia que se ganaba el respeto de cualquiera, por la suavidad con que decía frases elocuentes y la paz que caracteriza a un hombre que se ha encontrado a sí mismo, que ha aprendido a amarse a sí mismo y que se desempeña en servicio al mundo a partir de su fortaleza interior.

Salome había empezado un club de ajedrez en su escuela para alcanzar a jóvenes de bajos recursos que vivían en los alrededores. Le contó a Charlie Rose que no quería necesariamente enseñarles a jugar ajedrez porque eso no significa mucho en el mundo real, sino más bien el arte de tomar buenas decisiones. Él se acercaba a muchachos que estuvieran afuera de una tienda de víveres y les preguntaba si querían aprender a jugar ajedrez. Por supuesto, los chicos decían que no, dado que el ajedrez no es el deporte más admirado en su medio, entonces Salome les decía que rechazar su invitación era una *mala* decisión, que si alguien te ofrece enseñarte algo o lo que sea, tú deberías tratar a esa persona con respeto y hacer más preguntas para determinar si esa información podría servirte en el futuro. *Esa fue una mala decisión*, decía Salome a los chicos, *rehusarme de esa manera*. Como los chicos no sabían cómo responderle, se ponían rudos y lo amenazaban. *Ah*, volvía a decirles Salome, *otra mala decisión, ya veo para dónde van, si estuvieran jugando ajedrez conmigo, irían perdiendo ahora mismo, porque en el ajedrez no se pueden tomar malas decisiones y salir ganando; uno tiene que tomar buenas decisiones.*

—¿Han jugado ajedrez alguna vez en la vida? —preguntaba Salome.

—Yo sé cómo se juega ajedrez —respondió uno de los chicos.

—¿Cuál es el movimiento legal del alfil? —le preguntó Salome, y el chico se quedó callado mientras Salome se quedó mirando sus ojos escurridizos—. Estás diciendo una mentira, ¿no es cierto? No sabes cómo se juega ajedrez. Decir una mentira es otra mala decisión. Si supieras jugar ajedrez no tomarías tantas decisiones malas, porque sabrías intrínsecamente que la manera de salir adelante en la vida es tomando buenas decisiones. Por eso voy a preguntarles otra vez, y quiero que lo piensen cinco segundos antes de contestarme. No contesten de inmediato porque eso no es sabio. Quiero que piensen en lo que voy a preguntarles...

—¿Quieren que les enseñe cómo se juega ajedrez?

Los chicos se quedaron ahí parados, confundidos pero interesados, hasta que uno de ellos dijo en tono nervioso:

—Sí, yo quiero aprender ajedrez.

—Me parece bien. Has tomado una buena decisión. Esta es la primera regla en ajedrez. Tomar buenas decisiones. La única manera de perder en ajedrez y de hecho en la vida, es tomar malas decisiones. Si uno no toma malas decisiones, no va a perder en el ajedrez, ni en la vida. Y cuantas más buenas decisiones tome, mejor será su vida. Es así de fácil. ¿A quién más le gustaría aprender a jugar ajedrez?

Por supuesto, los chicos en adelante pertenecían a Salome, que ha influenciado a cientos de chicos que se sientan uno frente al otro con sus tableros de ajedrez dispuestos en mesas largas, con manos rápidas para tocar los cronómetros, chicos de ocho a diez años y también adolescentes que juegan con hombres cinco veces mayores que ellos, y les ganan. Charlie Rose continuó la entrevista y me enteré que los estudiantes de Salome Thomas-El se cuentan entre los mejores ajedrecistas en Philadelphia, que algunos ya van a entrar a la universidad y emprender la carrera al éxito, empezar familias y levantar hijos que se sientan seguros en sus casas. Estos no son los hijos de doctores y abogados, son críos sin padres que aprendieron lo que sus papás debieron enseñarles. Ellos han aprendido a tomar buenas decisiones.

A mí me sonó como algo maravilloso, que las buenas decisiones y el éxito o como quieras llamarlo, era una simple cuestión de ver todo como un juego de ajedrez, es decir, que uno puede tomar buenas decisiones si así lo quiere y no es una cuestión de fatalidad y destino. Después de oír a Thomas-El supe que podía aprender a tomar buenas decisiones de la misma manera que alguien aprende a tocar banjo. Me quedé viendo la entrevista, y le creí. Creí que si tomaba mejores decisiones podría dejar de meterme en líos e incluso sacar adelante una vida significativa.

Después de eso mi amigo Curt y yo empezamos a reunirnos en una cafetería para jugar ajedrez. Fue una simple coincidencia, no tuvo que ver con la entrevista con Salome pero me asombré de lo mucho que aprendí sobre la vida con ese juego. Jugábamos ajedrez unas dos horas, después de unos tres partidos, y así lo hicimos casi todos los días más de un año. Aunque nunca conocí en persona a Thomas-El y él nunca me enseñó todas las lecciones de la vida que les enseña a los chicos de su club de ajedrez, yo recibí las lecciones de todos modos. Yo mismo empecé a aplicar algunos de los principios básicos del ajedrez a los asuntos básicos de la vida.

Me refiero a lo siguiente: Hubo una serie de lecciones que aprendí sobre el ajedrez que mejoraron mis chances de ganar. Por ejemplo, cuando apenas empecé alineaba las fichas y me ponía a hacer movimientos arbitrarios. Muy rara vez duraba más de veinte minutos. Sin embargo, con cada nueva lección la duración de mis partidos aumentó hasta que empecé a ganar de vez en cuando. La primera lección tenía que ver con una estrategia. Aunque te suene increíble, las primeras cincuenta veces que jugué no tuve ninguna estrategia al comienzo. Por supuesto, perdí todas las cincuenta veces. Curt me enseñó un par de movidas de apertura que no dejaban vulnerables a ciertas fichas importantes y al mismo tiempo servían como preámbulos al ataque. Cuando aprendí esas movidas empecé a mover las fichas, no de manera aleatoria ni porque pareciera prudente en el momento, sino en línea con una especie de plan maestro. Ahora me doy cuenta de que todo esto suena trivial, pero para mí fue una lección importante en cuestiones de la vida. Yo no me había sentado a fijarme un par de metas en mucho tiempo y no tenía una visión de lo que quería que fuera mi vida. Me pregunté si algo tan simple como dedicar una hora a considerar unas metas y ponerlas por escrito en un libro podría tener el mismo efecto en la vida que tenía en el juego de ajedrez.

Fue en esa época que mis sueños de convertirme en escritor de libros publicados se tornaron más apasionados. Había trabajado un tiempo para una casa editorial y empecé a preguntarme seriamente si ya era hora de arremeter un libro propio. Me senté y elaboré una lista de algunas cosas que necesitaría para ser publicado. Necesitaba un par de capítulos terminados, un editor a quien pudiera enviarle los capítulos a fin de recibir crítica y comentarios, y una lista de publicadores a los que podría enviar el libro. Puse todo eso por escrito, lo cual me tomó unos diez minutos. Luego decidí que iba a hacerlo, que esa era mi estrategia para llevar a cabo lo que realmente quería hacer con mi vida. Y por asombroso que parezca, lo hice. Después de escribirlo, sentí que era una lista de tareas a las cuales se suponía que debía dedicar mi tiempo y energía. Se suponía que yo debía llevar a cabo todas y cada una de esas tareas. El asunto ni siquiera requirió disciplina. Como había puesto el plan por escrito, mi mente dio por sentado que realizar las tareas de la lista era lo que yo supuestamente tenía que hacer.

Me asombré al ver la cantidad de tiempo que había pasado dando vueltas de aquí para allá, sin saber realmente qué estaba haciendo o hacia dónde iba, solamente apeteciendo cosas aleatorias en un universo aleatorio. No sé cuántos meses ni cuántos años pasé sentado viendo televisión, quejándome conmigo mismo de cuán aburrida era la vida.

No mucho tiempo después de esto, tuve frente a mis ojos mi primer contrato para escribir un libro. Ese contrato lo olí, lo puse en el piso y le di vueltas, lo llevé a varias cafeterías y lo puse en la mesa esperando que la gente me preguntara qué clase de documento legal estaba revisando. En la tienda de víveres lo dejé caer al piso y pedí a los presentes que me disculparan pues tenía que recoger mi contrato para escribir un libro, ya te harás la idea. Fue grandioso. Ahora bien, no quiero dar la impresión de que si te sientas a escribir un par de metas vas a obtener todo lo que quieres en la vida, pero sí creo que si no se te ocurre algún tipo de estrategia es probable que nunca lo obtendrás.

Empecé a preguntarme cuál sería el mérito pedagógico de esa idea de que *el ajedrez enseña a vivir la vida*, y traté de pensar en otras lecciones aplicables. Creo que algunas son bastante buenas.

Lo segundo que aprendí tenía que ver con la paciencia. Curt me ganaba la mitad del tiempo porque era muy bueno, pero noté que las veces que yo le ganaba eran las que no me precipitaba a tomar cualquier decisión. Esa es la clave cuando uno juega ajedrez, siempre se ven jugadas estupendas pero cuando uno hace la movida descubre que se acaba de meter en un montón de líos. Tenía que tomarme mi tiempo y pensar bien las cosas. Empecé a ver las decisiones como senderos en el recorrido, y mi función era preguntarme a dónde me llevaría cada sendero. Aprendí a no confiar en mis instintos y reconocer que muchas veces algo que parece una buena movida podría costarme todo. A veces incluso me alejaba de la mesa, iba al baño o me estiraba y descansaba mi cabeza un segundo. Esto irritaba a Curt en gran manera, pero si yo me tomaba mi tiempo y no reaccionaba, mis probabilidades de ganar aumentaban. Las noches en que era paciente, casi siempre ganaba, pero las noches en que Curt tomaba más tiempo, como es obvio, él ganaba.

Quizá suene demasiado fácil, que uno se levante y haga un par de flexiones profundas de vez en cuando y gane la partida, pero no es así de sencillo. La tentación más difícil en el ajedrez y en la vida es la de reaccionar. Reaccionar sin pensar nunca funciona, jamás. Por aburrido que suene el ajedrez, te sorprenderías de cuán intensas son las emociones cuando el oponente te quita alguna ficha importante. Por fuera podrás tener el aspecto de un viejo pensionado, pero por dentro saltas al otro lado de la mesa y le pegas al otro jugador en la cabeza con un termo de Starbucks.

Ahí es cuando entra en juego la paciencia. La tentación era reaccionar matando cualquier ficha del oponente que pudiera, pero esas jugadas nunca tienen buenos resultados. Hasta donde yo sepa, el truco es atenerse a la estrategia sin importar qué me digan las emociones. Piénsalo, si una persona logra hacer eso le va a ir muy bien en la vida, sin importar qué obstáculos y problemas le salgan al encuentro.

Me di cuenta que pasaba gran parte de mi tiempo reaccionando. Si alguien me ofendía, yo reaccionaba de inmediato en vez de considerar lo que me costaría la reacción, si el precio de la represalia era demasiado alto. He descubierto que si un tipo puede controlar sus emociones, va a avanzar mucho más en la vida. A veces eso significa darse la vuelta y apartarse. Así fue como, incluso en mis conversaciones casuales con amigos, empecé a ser más calculador en lo que decía y hacía, teniendo cuidado de no ofender, y si ofendía me esforzaba en introducir paz en la situación. El truco es apegarse al plan. Si el plan es graduarse del colegio y convertirse en doctor o trabajar duro y subir en la escalera corporativa, lanzar a alguien por la ventana sería una desviación del plan.

Conocí a un tipo llamado Ben que siempre era escogido para encabezar toda clase de proyectos. Para ser honesto, el tipo me fastidió por mucho tiempo. Si tomábamos café y le hacía una pregunta como para entrar en debate sobre alguna cuestión insulsa, él se quedaba ahí pensando y luego me daba una respuesta segura, siempre objetiva. Como dije, me molestaba en forma. No obstante, al poco tiempo empecé a notar que la mayoría de los tipos en nuestro círculo respetaban a Ben, que tenían mucho en cuenta su opinión y además que todas las chicas querían salir con él. También me di cuenta que lo que tanto me fastidiaba de sus evasivas a mis debates era que yo quería que él se rebajara a mi nivel, quería que fuera alguien que reaccionara como yo. Cuanto más paciente y mesurado era Ben, más le pedían que liderara proyectos y más respeto recibía de todos a su alrededor.

Empecé entonces a fijarme en los tipos que no eran muy respetados en la vida, es decir, no formaban parte integral de un grupo y las chicas por lo general se sentían incómodas en su compañía. Eran tipos que reaccionaban. Eran demasiado estridentes. No controlaban sus movimientos corporales. No sonaban sabios al hablar. Decían lo primero que les venía a la mente sin procesarlo, filtrarlo y pensar realmente en las implicaciones de sus comentarios.

Tenía que tragarme mi orgullo en este caso. Tenía que actuar más como Ben. Requirió mucha práctica, para decirte la verdad. Poseo una falla fastidiosa en mi carácter, y es que siempre quiero tener la razón. Si alguien dice algo con lo que no esté de acuerdo, yo abro mi bocota y trato de corregirle o de quedar como un sabelotodo. Pero la gente que reacciona nunca suena inteligente. La gente que no habla es la que da impresión de ser inteligente, así como la gente que no emplea un montón de palabras.

Creo que siempre se emplean dos lenguajes en cualquier conversación. El primero consiste en las palabras que se dicen y su significado correspondiente. El otro es el lenguaje oculto de las emociones que una persona lleva por dentro, que tratan de hacerle decir y hacer cosas que le harán quedar como un idiota. Podría decir con mi boca algo realmente sabio y útil, pero si estuviera reaccionando simplemente, el otro lenguaje diría que yo no tenía el control y me sentía débil e inseguro. Eso es lo que pasaba con Ben, él nunca se veía débil ni inseguro. Siempre daba la impresión de ser pensativo, considerado y de estar en pleno control de sus pensamientos y acciones. Con razón siempre le pedían que actuara de líder.

No estoy diciendo que todos deberíamos convertirnos en políticos. No sé quién se aguantaría la vida en ese universo. Pero sí sé que la vida mejoró mucho cuando dejé de reaccionar todo el tiempo. Es gracias a esto que no hay una legión de gente rabiosa detrás de mí.

Oí a alguien decir que una buena idea es contar mentalmente hasta cinco antes de responder a una situación amenazante. Al principio pensé que daría pie a mucha confusión, ya que de pronto nos sentiríamos inclinados a responder a cada pregunta susurrando el número seis, pero lo que esta persona se proponía era enseñarle a la gente a no reaccionar. Para mí, cinco era un número bastante pequeño. Si habláramos de béisbol o algo por el estilo no habría problema, pero si las emociones se acaloran yo tendría que contar hasta un millón. Tendría que excusarme amablemente, decirle a mi cuerpo que sonría y dar las gracias o lo que sea, seguir contando, luego irme a casa y sentir montones de rabia, amargura o celos. Pero se ha vuelto cada vez más fácil. Después de un tiempo, entendí que al alejarme y no enojarme salía ganando y avanzaba al siguiente nivel, y esa sensación de triunfo es adictiva. A uno le queda gustando actuar sabia y prudentemente. Uno se da cuenta de que es un sistema mejor porque ofrece algo palpable. Ofrece vida.

––––––

SÉ QUE PODRÍA manipularte. Te estoy haciendo creer que la sabiduría es una cosa segura, pero eso no es cierto. La sabiduría tan solo aumenta tus probabilidades de éxito. Lo cierto es que no siempre vamos a ganar. La vida nos manda cosas que no podemos derrotar. Le pasa a todo el mundo. La lección más dura es aprender a perder. Tanto en el ajedrez como en la vida, todos vamos a cometer fallas tarde o temprano. Así ganes una partida de ajedrez, casi siempre es después de pelear en un sangriento campo de batalla. Cuando uno va por la mitad el juego aturde, porque pierdes una ficha y empiezas a pensar que es el comienzo del fin. Es algo que uno siente de verdad, la mente queda entenebrecida, uno empieza a creer que es un perdedor y siente ganas de darse por vencido. Te preguntas cómo te metiste en tan tremendo lío y tu juicio nublado no puede ver la salida. He perdido muchos partidos de ajedrez mucho antes que el juego terminara porque empiezo a verme perder e imaginarme el final de mi derrota. También recuerdo una vez que incluso después de haber perdido una ficha principal, de alguna manera me las arreglé para ganar el partido. En cierto modo, ese partido rompió una tendencia y la siguiente vez que me metí en esa situación me pregunté si todavía tenía chance, y por eso seguí jugando. Me apegué a la estrategia y me tomé mi tiempo, y así gané más partidos.

Lo mismo sucede en la vida. No puedo enumerar la cantidad de veces que pensé que mi vida se había terminado por completo, que lo había arruinado todo e iba a terminar viviendo en una caja debajo de un puente. Por ejemplo, aquella mañana de Navidad en la que rompí en mil pedazos el vidrio trasero de la camioneta de un vecino tras dispararle con mi nueva escopeta de balines, la vez que derramé medio galón de pintura roja en la alfombra nueva de la sala, y la vez que pisé la tortuguita de mi primera novia. Fueron días horribles, no hay duda, pero en retrospectiva me río de haber pensado que lo había arruinado todo. No era más que pintura, vidrio y, bueno, una tortuguita.

A veces quisiera viajar en el tiempo, sentarme conmigo mismo y explicar que las cosas iban a estar bien, que todos pierden terreno a veces y que eso no determina nada. Así es como funciona la vida. Es difícil entenderlo en el momento. Si uno se pone a pensar en la chica que lo rechazó, el trabajo del que lo despidieron, el examen que no pudo pasar, uno pierde de vista el gran panorama y el hecho de que la vida tiene una bella manera de rehacerse en cuestión de un par de semanas. Las cosas que importan ahora mismo no van a importar dentro de un mes ni dentro de un año.

Creo que existe algo llamado sabiduría. John MacMurray me llevaba al libro de Proverbios, que contiene los dichos de Salomón, uno de los hombres más sabios en la historia. Son frases cortas que me recuerdan los papelitos que uno saca de las galletitas de la fortuna, y pueden encontrarse abriendo la Biblia por la mitad. Yo quería empezar a tomar buenas decisiones y alcancé a oír a John decirle a alguien que este era un buen lugar para empezar a adquirir la sabiduría básica de la vida. Empecé leyendo un capítulo cada mañana o cada noche antes de irme a dormir. No creerías cómo esos versículos vuelven a la memoria cuando uno está en medio del ajetreo cotidiano. Creo que si lees los Proverbios o la Biblia en general, tu probabilidad de éxito atraviesa el techo. Dos mil años de sabiduría demostrada no pueden llevarte por mal camino. Si realmente quieres aprender a tomar mejores decisiones, el libro de Proverbios es un buen punto de partida.

Como dije antes, ninguno de nosotros va a sacar un puntaje perfecto, pero si uno hace los cálculos, al tipo que emprenda su vida con alguna estrategia y mucha paciencia, y que no se dé por vencido cuando fracase, le va a ir bien. A los niños de Salome Thomas-El les funcionó, y creo que también nos funcionará a nosotros.

Capítulo 9

CHICAS:
LO QUE TONY DIJO

A continuación, una historia verídica...

Hace una semana fui a una cafetería en el sureste de Portland, en Ankeny, y al entrar observé a una chica linda que hablaba con alguien que parecía ser su novio. Entré y pedí café, me senté y me puse a revisar mi correo electrónico y a distraerme con diferentes cosas, sin muchas ganas de empezar a escribir. La muchacha y el chico estaban justo afuera de la ventana y él estaba mirando un restaurante de comida mexicana al otro lado de la calle, el cual tenía un mural con un pepino que llevaba puesto un sombrero de vaquero. Se notaba en la expresión del chico que miraba el mural sin fijarse en él realmente, que solamente quería que la chica pensara que él se estaba fijando, y se podía ver en su expresión que estaba tratando de controlar sus emociones.

El muchacho se levantó de la mesa y ella también, luego ella se acercó a él y él la abrazó como un minuto hasta que ella se apartó. La chica hizo un movimiento circular lento con su mano sobre la espalda del muchacho y él se alejó lentamente y cabizbajo, buscando sus llaves.

Supe entonces que había sido un rompimiento de la relación. Un rechazo. Lo supe porque me había pasado antes. Tal vez en dos ocasiones, o cincuenta y siete veces, ya perdí la cuenta.

Luego la chica entró a la cafetería a recoger sus pertenencias y fue reconocida por otro hombre, al cual ella miró con una sonrisa, una sonrisa amigable y convidante. Él se puso a hablar con ella un minuto y se notaba que estaba nervioso, pero ella lo ayudó tocándole el brazo, inclinando su cabeza a un lado y sonriendo con timidez, y luego volvió a tocarle el brazo. Él le preguntó algo y ella asintió, entonces él se acercó al mostrador y tomó un lapicero para escribir el número telefónico que ella le dictó en una servilleta. Ella volvió a sonreírle y ambos se dirigieron a la puerta. Me pareció tragicómico que ella coqueteara adentro con otro tipo minutos después de haber rechazado al de afuera.

Después la chica se fijó en una amiga que estaba en la mesa de al lado. Se abrazaron como viejas amigas, se sentaron y empezaron a hablar. El segundo chico se quedó junto a la puerta un minuto hasta que cayó en cuenta de que se habían olvidado de él, y luego trató de salir sin llamar la atención.

Sé que estaba tratando de alejarse sin llamar la atención porque eso mismo me pasó a mí en una o dos ocasiones, o tal vez fueron cincuenta y siete ocasiones.

Las dos chicas se sentaron y alcancé a oír lo que dijeron. La primera explicó cómo esperaba que su novio que seguía sentado en la mesa de afuera no hubiera quedado demasiado herido, mientras la otra chica movía sus labios apretados de un lado a otro y levantaba las cejas. Después la primera chica dijo que le gustaba coquetear, que le gustaba la conquista y que siempre estaba armando líos por eso.

«Es que les encantas a los chicos», dijo la amiga ladeando la cabeza para sonreír de nuevo.

Después de un rato me sentí culpable por escuchar la conversación y no había avanzado en mi trabajo, así que metí mi computadora portátil en mi maleta, desocupé la mesa y me fui a casa. Aquella tarde me cuestioné acerca de las chicas, de lo mucho que quieren sentirse lindas y deseadas, y de cómo en ciertas ocasiones el chico que les suministra eso no significaba mucho para ellas.

Después de pasar un par de horas en casa y podar el césped, me metí a la ducha y decidí ir a otra cafetería de la ciudad para intentar escribir algo. Fui a un establecimiento llamado Palio, compré un té caliente y abrí mi computadora para revisar mi correo y entretenerme un rato. A los diez minutos me sorprendí al ver entrar a la misma chica que vi en la cafetería de Ankeny. Estaba con otro tipo, no con el que había anotado su número ni el primero con quien la vi, sino otro totalmente distinto. Tuvieron una discusión acerca de quién pagaría la cuenta y como él no tenía plata ese día ella pagó, luego tomaron sus platos y cruzaron la calle para ir a un prado detrás de un seto de arbustos.

Al cabo de unos veinte minutos, yo estaba inmerso en mi correspondencia pero fui distraído por la silueta de aquel pretendiente que se movía lentamente mientras buscaba en el bolsillo sus llaves; cuando las encontró se puso a revisarlas tratando de encontrar la que encendía su auto. El tipo cruzó la calle como si lo estuviera mirando un estadio lleno de espectadores, con movimientos cuidadosos y rígidos. La chica salió por el otro lado del seto de arbustos llevando dos platos y mirando la cafetería al otro lado de la calle con cierta expresión de remordimiento, con algo de placer pero mezclado con remordimiento.

Ese día escribí unas cuantas líneas y me fui a casa sintiéndome privilegiado y afortunado por haber visto a una chica romper con dos tipos en un día. Digo privilegiado porque es una anécdota extraordinaria, y afortunado porque no había sido ninguno de los tipos.

ESTA ES LA PARTE de la historia en que te digo qué es lo que una chica quiere realmente de un chico, qué la hace detenerse y mirar con fascinación a un chico en particular, alguien como tú o yo por decir algo. Mentiría si te dijera que lo sé. Realmente lo ignoro. Sé que algunos tipos atraen a las chicas y otros no. Sé que algunas chicas juegan con nuestras emociones y otras no. También sé que uno se cansa de los juegos. Digo esto únicamente porque hubo una época en la que yo sentía atracción por cierta chica así la atracción no tuviera nada que ver con ella. Es decir, la chica me atraía y yo tenía sentimientos muy reales por ella, pero únicamente porque era un reto para mí y yo quería saber si tenía lo que se requería para ser alguien con quien ella quisiera salir. La mayor parte del tiempo no lo era y, peor todavía, si lo era perdía el interés tan pronto ella sintiera atracción por mí. Me imagino que por eso lo llaman un juego.

Al observar a aquella mujer en la cafetería me di cuenta de lo superficial que era el juego y de cuán harto estaba de jugarlo. Quizá por primera vez, no quise participar más. Quería algo diferente, algo mejor.

Aprendí a expresar con palabras lo que quería con la ayuda de mi amigo Tony. Hace un tiempo estábamos cenando en un restaurante mexicano y yo recién había empezado a salir con una chica. Le conté a Tony lo mucho que ella me gustaba, cómo me gustaba su honestidad y la sensación que tenía al estar con ella. Me gustaba que era una chica con la que no me incomodaba orar y eso era diferente de mis relaciones pasadas. Tony dijo que sonaba como una chica fantástica, pero luego preguntó si yo creía que merecía estar en una relación romántica.

—No sé —le dije—, ¿qué quieres decir con eso?

—¿Sientes que una chica debería estar agradecida por tenerte en su vida? —me preguntó.

—Nunca lo he pensado en esos términos —le dije; con las novias que había tenido, me había pasado la mayor parte del tiempo preguntándome si le gustaba a la chica, y más que todo, si yo podía gustarle a cualquier persona, pero creo que Tony estaba preguntando otra cosa—. ¿A qué te refieres exactamente?

—No sé —dijo Tony—, es que yo con mi esposa, con Aimee, he llegado a la conclusión de que no la merezco. Realmente no la merezco, y el hecho de que ella quiera pasar el resto de su vida conmigo me parece lo más increíble. Estoy agradecido, es todo lo que trato de decirte.

—¿Acaso crees que soy un ingrato? —le pregunté a mi amigo.

—No es lo que dije —afirmó Tony—, solo digo que podemos usar a otras personas y las relaciones románticas para validarnos a nosotros mismos. No tiene nada que ver con amor. Pero cuando uno encuentra el amor o cuando tiene madurez suficiente para entenderlo, el sentimiento que tiene es gratitud. No estoy diciendo que yo sea maduro —continuó Tony—, pero cuando me despierto cada mañana y veo a mi esposa durmiendo junto a mí, a veces me conmuevo al pensar que otro ser humano quiera compartir su vida conmigo.

Lo que Tony dijo me quedó sonando. Me he cuestionado últimamente, y creo que lo que realmente me hacía falta en mi entendimiento de las relaciones era humildad. No es que me haya vuelto sensiblero o débil, eso también puede matar una relación, pero sí me pregunté si el amor que brota del ego y el amor que sale del corazón son cosas muy diferentes, y lo que estaba ocurriendo en mi alma era una especie de transición de la inmadurez a la madurez.

Capítulo 10

SEXO:
EL VALOR DEL DÓLAR EN ARGENTINA

Hace unas semanas me encontraba en la Universidad de Texas. Unos tipos me pidieron que fuera a su fraternidad para tener una charla informal hasta altas horas de la noche. Eran unos cincuenta y todos querían hablar sobre temas de fe y moralidad. Salimos bastante tarde de la universidad y recorrimos las calles aledañas pasando por un bar nocturno repleto de estudiantes que se veían incómodos, vestidos como para un ritual de apareo y emitiendo ruidos de pájaros. La casa de la fraternidad era un complejo multimillonario de piedra caliza y cedro con restaurante propio, chimeneas de lujo y sillas de cuero, un sofá circular gigantesco rodeado por una galería de fotografías a blanco y negro con la mirada vigilante de los patriarcas de la hermandad, cabezas de toros disecados que sostenían trofeos de fútbol, botellas de cerveza y sus mujeres detrás de ellos con lápiz labial y sonrisas radiantes, con el pelo recogido como si fueran las enfermeras de Pearl Harbor.

«En el baño de este sitio hay un montón de revistas porno y tu libro *Tal como el jazz* está justo encima», me dijo uno de los tipos apenas entré a la casa; era el hijo de un magnate petrolero que al parecer era cristiano y que me lo dijo sin sonreír, solamente declarando el hecho como para darme a entender a quién estaba a punto de hablarles.

Me condujo por el área del comedor, atravesamos unas puertas pesadas para acceder al recinto con el círculo de asientos de cuero y ya había jóvenes sentados, callados y nerviosos, no muy seguros de si querían estar presentes o de por qué les tocaba asistir, como si una reunión para hablar sobre espiritualidad se pareciera a una disertación académica sobre *Viaje a las Estrellas*. Todos se levantaron y me dieron la mano, eran más o menos cincuenta. Cada uno se inclinaba hacia adelante al saludar, como sus patriarcas seguramente les habrían enseñado. Me miraban a los ojos y decían: *Nos complace tenerle aquí, Qué gusto nos da verle, Gracias por venir, Nos gustó su libro, Nos alegra tenerle en Texas*, todo eso.

—Hay un bar repleto de mujeres en esta misma calle —dije señalando con el pulgar por la ventana mientras me acomodé en mi asiento.

—Esta noche la cerveza cuesta un dólar —asintió uno de ellos.

—¿Por qué no estás allá? —pregunté.

—Eso lo hacen todas las semanas —alguien más dijo.

—Bueno, así que ustedes quieren hablar de la fe y de Dios —declaré más en tono de pregunta y nadie respondió.

—No es fácil —por fin se atrevió a decir uno.

—¿Ser cristiano? —pregunté.

—Correcto —confirmó.

—A no ser que vivas en los suburbios y te rodees de cristianos que validen tu identidad, seguir a Jesús va a ser difícil. Yo sé que ustedes no han optado por esa alternativa —apenas dije eso, la atmósfera se tornó más ligera.

—¿Usted cree que está mal vivir aquí? —preguntó otro.

—Creo que está mal huir y esconderse. No sé si sea bueno que tú vivas aquí, es diferente para cada persona.

—No hay mucha moralidad por aquí —dijo uno en voz alta—. Me refiero a que sí hay una religiosidad tradicional, uno es cristiano porque se supone que todo buen republicano es un cristiano, pero... —el chico empezó a vacilar y se empezó a mover en su asiento.

—¿Pero qué? —pregunté.

—Pero —dijo él como si esa fuera su respuesta, encogiéndose de hombros.

—¿Pero la cerveza? ¿Pero las mujeres? —pregunté ayudándole a expresar sus cavilaciones.

—Pero las mujeres —aclaró otro, descartando la cerveza como un problema menor.

—¿Cuál es el problema que tienen con las mujeres por estos lados? —pregunté.

—Es difícil, como podrá imaginarse. Uno es débil si no se acuesta con todas las que pueda. Portarse como un mojigato no te lleva muy lejos.

—Veo, veo —dije.

—Las chicas están por todas partes, usted ha visto cómo es la universidad.

—Sí, están en todas partes, no hay duda.

—Correcto —dijo uno de los que estaban sentados en el sofá grande mientras se enderezaba—. Y el problema es que realmente me gustan. Mejor dicho, usted sabe, realmente me gusta *hacerlo*.

Apenas dijo hacerlo algunos de los muchachos se rieron. Yo asentí con la cabeza.

—No digo que sea correcto —continuó—, solo estoy diciendo que me gusta, me gusta el sexo. ¿Usted cree que voy a ir al infierno o algo parecido?

—No creo que el sexo sea lo que te mande al infierno. El cielo y el infierno dependen de a quién conozcas, no de qué hagas. *Aquel a quien conoces te salva de lo que hiciste y de lo que eres por dentro.* No estoy diciendo que eso nos dé licencia para acostarnos cuando nos plazca con cualquier mujer que se nos antoje. La moralidad es más importante y tiene más beneficios de lo que todos nosotros sabemos, pero el cielo y el infierno son cuestión aparte.

—Pero es erróneo —dijo otro casi en tono de pregunta.

—Sí, creo que es erróneo —empecé—. Pero no convirtamos la idea de lo correcto y lo erróneo en un ejercicio tan simple como colorear un librito. Este es un tema muy complejo. El pecado, si queremos llamarlo pecado, es todo aquello que hacemos y que no agrada a Dios, y la razón por la que le disgusta es que Él nos ama, Él quiere ser nuestro Padre, y cuando pecamos nos debilitamos, nos confundimos y practicamos la inmadurez. A Él no le gusta eso, no porque quiera sentirse poderoso y estar en lo correcto, sino porque quiere lo mejor para nosotros. Ese es el primer punto que debemos recordar en todo lo relacionado con este tema.

—El sexo no se siente como algo erróneo —dijo uno de los muchachos con cierto sarcasmo pero también con franqueza.

—Bueno —dije—, permítame explicarlo de otro modo. Todos ustedes son republicanos, ¿cierto? —la mayoría de ellos asintió con la cabeza—. Bueno, vamos a considerar el valor del dólar. En última instancia, el dólar no tiene ningún valor intrínseco. Es un pedazo de papel. Únicamente tiene valor porque lo decimos y nos ponemos de acuerdo en un sistema de intercambio que mantiene ese valor. Hay instituciones que se esmeran mucho en mantener fuerte el valor del dólar. Hay tipos astutos en Washington y Nueva York que se quedan sin dormir por esa cuestión. Pues bien, todos vimos lo que pasó en Argentina hace un par de años. Vimos lo que pasa cuando el valor de una moneda baja rápidamente. No es algo bueno. El sexo se parece mucho a eso. A Dios le interesa que el valor del sexo se mantenga a cierta altura. Es importante para la salud de una persona, para el bienestar de una familia y para el vigor de la sociedad. Pero, al igual que todo lo demás, el sexo puede abaratarse en nuestra mente y perder su alta estima. Eso no le parece bien a Dios. Las cosas que a Dios no le parecen bien se llaman pecado.

—¿Qué pasa cuando se abarata el sexo? —alguien preguntó.

—Pasan muchas cosas. La principal es que se pierde el territorio físico sagrado que se asocia con el compromiso. Puede quedar cierto territorio emocional pero se pierde la dimensión física y la experiencia que únicamente pueden tener un hombre y una mujer entre sí. Tener relaciones sexuales a diestra y siniestra le hace algo al corazón y a la mente. Deja menos espacio y energía disponible para compartir con una pareja sagrada. Pero todo esto suena muy etéreo. Quiero presentarlo en términos más prácticos. Cuando las mujeres dicen no a los hombres y no les permiten acostarse con ellas, hacen que los hombres se porten a la altura. Si las mujeres exigieran que para acostarse con ellas ustedes tienen que conseguir un trabajo y afeitarse todos los días, y no vestirse como payasos ni pasarse el día jugando videojuegos, eso es lo que haríamos todos nosotros. Al fin de cuentas, todos queremos tener sexo, ¿correcto?

—Amén —dijo uno de ellos y puso a reír a los demás.

—Entonces, si una mujer te exigiera actuar como un caballero —continué—, que fueras capaz de comprometerte y enfocarte, eso es lo que harían todos los aquí presentes, aunque no fuera por otra razón aparte de tener sexo. A su vez, eso beneficiaría a las familias y sería grandioso para las comunidades. Seamos francos, nosotros como tipos vamos a elegir el camino de menor resistencia. Muchos de nosotros somos como somos porque a las mujeres les atraen ciertos tipos de hombres. Tal vez no nos hayamos dado cuenta de cómo esa dinámica nos define, pero así es. Ninguno de nosotros es la excepción. Por eso, cuando abaratamos el sexo recibimos lo que queremos sin tener que pagarlo. Eso no beneficia a nadie, por lo menos a largo plazo. Es un sistema estupendo, ¿no les parece?

—Pero las mujeres no niegan el sexo, las cosas ya no funcionan así —dijo un tipo desde atrás.

—Eso es cierto —dije—, ahora las mujeres imitan a los hombres. La lógica actual da por sentado que los hombres tienen la razón, y para que la mujer alcance el éxito no debería actuar como una mujer sino como un hombre. Gracias por el halago, pero estoy en desacuerdo. Creo que los hombres necesitamos que las mujeres sean mujeres, y ellas tienen que ponernos ciertos requisitos. Cuando una mujer niega el sexo hasta que obtiene lo que ella quiera, todos salimos beneficiados.

Apenas dije esto reinó el silencio. Algunos de los oyentes estaban considerando lo dicho, pero sabía que otros no estaban de acuerdo.

—¿Saben qué? —empecé en tono suave—. Yo detesto esto tanto como ustedes. Si alguien trata de quitarle el sexo a los demás o trata de hacerlos sentir culpables o lo que sea, todo el mundo lo aborrece. Yo no quiero ser ese alguien. De verdad que no. Lo que pasa es que mi papá abandonó a mi mamá cuando yo era niño, y recuerdo que cuando iba a visitarlo él siempre tenía una chica que vivía con él, o tenía aventurillas con alguna muchacha a la que le llevaba el doble de años, y todo eso me afectó. Creo que a mí papá no le parecía que eso importara, que estaba en libertad de acostarse con quien se le antojara. Pero lo que yo necesitaba que él hiciera era que se quedara con mi mamá, que la amara y que fuera mi padre. Nosotros podemos pensar que a nadie le afectan nuestras acciones y nuestros hábitos, pero no es así. No somos criaturas independientes, ustedes saben. Todos estamos conectados. Además en una familia, en un matrimonio, es importante que el sexo sea algo especial, por eso es importante que nosotros como hombres tomemos la iniciativa para protegerlo. Esos hábitos empiezan ahora mismo. Greg Spencer, un amigo mío y profesor universitario, diría que el sexo es el acto físico con mayores implicaciones psicológicas. Los hombres fantasean que el sexo es meramente biológico. Sin embargo, nada parece afectarnos tan profundamente como el sexo cuando se abusa de él. Espero que no me incriminen por decir todo esto.

—Me parece que tienes buenos argumentos —dijo uno de ellos mientras cruzaba las piernas y miraba al resto de los muchachos—. Pero también creo que a nosotros nos toca lidiar con el hecho de que vivimos en un ambiente en el que vamos a ser anticuados si no tenemos relaciones habitualmente y contamos anécdotas de nuestras proezas sexuales. Vamos a ser anticuados si no usamos a las mujeres. Ese es el asunto, y es algo muy fuerte. Ninguno de nosotros quiere ser el tipo que no hace eso. Entiendo lo que estás diciendo, Don —y me miró al decir eso—, pero el deseo de no ser marginados puede ser hasta más fuerte que el deseo de sexo. En otras palabras, yo preferiría acostarme por ahí, obtener algo de placer o lo que sea, y no quedar mal frente a mis cofrades.

—Te entiendo —dije—, es muy franco de tu parte. Como dije, es difícil, uno tiene que afrontar ciertos retos siendo un cristiano en este ambiente. Y no siempre te va a ir bien, pero veamos el asunto de otra manera. Digamos que tienes un amigo que acaba de cumplir cuarenta años, y supongamos que es un tipo que jugaba videojuegos toda la noche, se acostaba con diez mujeres diferentes y con todas las que estuvieran dispuestas a acostarse con él, que ingería licor todo el tiempo, que era el alma de todas las fiestas, todo lo que puedas imaginarte. Dime honestamente, ¿se ganaría ese tipo tu respeto?

Todos en el grupo sacudieron la cabeza diciendo que no, algunos dijeron que lo considerarían un perdedor y un fracasado.

—¿Por qué? —pregunté—. ¿Por qué sería un perdedor ese tipo?

—Porque tiene cuarenta años —dijo alguien.

—¿Y eso qué tiene que ver? Si alguien en su fraternidad universitaria vive de esa manera, no es un perdedor. Según parece, es muy apreciado.

El grupo dijo que era diferente porque se suponía que el otro tipo fuera maduro. Se suponía que ya tuviera su vida en orden.

—Sí, estoy de acuerdo —empecé—. Creo que él ya debería ser maduro porque tiene cuarenta años. Pero también hemos afirmado algo aquí, ¿no es cierto? Hemos dicho que la gente madura no se queda jugando videojuegos toda la noche ni se acuesta con diez mujeres distintas. Los maduros practican la autodisciplina y moldean su carácter con miras a una meta noble. Y yo creo que incluso en ustedes que son menores de veinticinco años, existe esta necesidad de crecer y madurar, de avanzar de la niñez a la hombría y de la fantasía al compromiso, al autorespeto y al entendimiento de que sus acciones afectan a más personas que solamente a ustedes. Piensen por un momento que son profetas, que están haciendo una declaración solemne con su manera de vivir la vida. Imagínense rebasando a los demás y ganándoles en madurez. No hay mejor manera de ayudar a alguien que tener el coraje de rebasarlo. Eso le hace sentir la presión de madurar también. No estoy diciendo todo esto para robarles el entusiasmo. Esa no es mi intención. Ninguno de nosotros tiene el derecho de juzgar a nuestros cofrades. Si tú actúas con madurez y no juzgas a los demás, serás respetado. Yo realmente así lo creo.

Hablamos hasta bien entrada la noche, hablamos más acerca de sexo, sobre espiritualidad, sobre cuánto se necesitan hombres fuertes y buenos, y cómo el mundo nos había castrado convirtiéndonos en simios desconsiderados. Mientras charlábamos, sentí que estábamos diciendo cosas muy ciertas, que las mujeres necesitaban que fuéramos fuertes, que fuéramos comprometidos y que controláramos nuestros deseos sexuales a fin de que pudieran ser usados para afirmar la unidad y el amor exclusivos, y para proteger la familia.

No voy a decirte mentiras. En ocasiones me he preguntado si proteger el valor del sexo tiene tanta importancia. El deseo físico tiene una capacidad única para definir la filosofía de una persona. No obstante, al final de todo no puedo hacer caso omiso a quienes dicen que el decoro es una buena idea. Es cierto que la mayoría de personas que hacen tales afirmaciones no suenan muy persuasivas o grandilocuentes, y que nadie las consideraría revolucionarias, pero bajo toda la superficie es una idea con mucho mérito. Como cristiano, sé que necesito que Dios me libere de una visión distorsionada del sexo.

No hace mucho alquilé la película Kinsey, un filme sobre el doctor Alfred Kinsey, un ex profesor de entomología y zoología en la Universidad de Indiana. Kinsey se metió en un gran lío cuando creó el «Instituto Kinsey para investigaciones de sexo, género y reproducción», que contribuyó a aumentar el grado de honestidad con que la gente discutía sus tendencias y hábitos sexuales. A su investigación y sus hallazgos se les atribuye el advenimiento de la revolución sexual en los sesenta.

La metodología de Kinsey consistía en entrevistas anónimas con la utilización de códigos que garantizaban la mayor franqueza posible. Sus hallazgos fueron levemente controversiales y llevaron a ubicar el instinto sexual humano más en la categoría animal de lo que quisieran admitir la gente conservadora. Sin embargo, con el avance de las investigaciones la metodología de Kinsey se tornó más compulsiva hasta llegar al punto en que él alentaba a los miembros de su personal a tener relaciones sexuales con las esposas de sus compañeros, y él mismo sedujo a un hombre que formaba parte de su equipo. El asunto se convirtió en una especie de orgía controlada y, a medida que la película presenta ese declive, la sobriedad mental y el enfoque de los personajes se distorsiona en gran parte. Los miembros del personal tenían ataques de celos, las esposas se sentían confundidas y la labor investigativa de Kinsey perdió objetividad y propósito. Al final, Kinsey reconoció que el sexo no puede separarse del amor, que lo estrictamente físico no puede entenderse en aislamiento de lo poético o lo romántico, que en últimas, la conducta animal debe ser mitigada por una moralidad proveniente de algo espiritual.

Pensé de nuevo en la revelación de Kinsey y me pregunté si acaso las perspectivas más tradicionales de la sexualidad no podrían, por lo menos hasta cierto grado, ser corroboradas por el mismo investigador que los tradicionalistas habían llegado a detestar.

Así pues, el asunto principal no es determinar si el sexo es bueno o malo fuera de una relación de compromiso mutuo, sino saber si el sexo sirve para algo más que la liberación de placer. Ninguna evidencia científica sugiere que el sexo sirva como una especie de pegamento que fortalezca un vínculo emotivo. El sentido común nos dice que el sexo une a las personas, pero la ciencia no puede acceder a la esfera poética. Cuando el placer controla la lógica, se da la tendencia de reducir el sexo a una definición darviniana a secas, ignorando la poesía de nuestros cuerpos. Eso no parece un gran delito, hasta que nos acordamos del argumento acerca del valor del dólar. En últimas, la poesía sí importa. Lo que sintamos respecto a algo y en lo que nos pongamos de acuerdo por el bien de la salud y el progreso, se convierten en factores críticos. Yo pienso así en cuanto al sexo, no solamente porque sea lo que Dios piensa al respecto, sino porque desde un punto de vista lógico, independiente de la moralidad cristiana, la interpretación poética debe ser preservada.

Capítulo 11

INTEGRIDAD:
CÓMO SE PAGA UN TELÉFONO CELULAR GRATUITO

La regla número uno en el hogar MacMurray, y esto es algo que he observado en carne propia, *es decir siempre la verdad.* John dice que es la base de todas las relaciones sanas. La confianza no puede existir si no se cumple esta regla. Eso me recuerda una anécdota... John y yo estábamos sentados en la sala viendo el noticiero deportivo cuando me preguntó acerca de mi nuevo teléfono celular. Lo había colocado en el apoyo del sofá y él se puso a examinarlo, maravillado por lo pequeño que era.

—Me lo dieron gratis —le dije.

—¿Qué hiciste para que te lo dieran gratis? —preguntó.

—Bueno, el otro se me dañó y lo llevé al almacén para ver si podían reemplazarlo. Tenían un sistema nuevo en esa tienda y no pudieron acceder a los archivos. No sabían si mi teléfono todavía estaba bajo garantía. Yo sabía que no estaba porque había visto el recibo antes de llevarlo, y había pasado más de un año. El tipo me preguntó y yo le dije que no sabía, pero apenas acababa de pasar el primer año. Una mentirilla blanca, tú sabes. Bueno, el caso es que el teléfono estaba tan dañado que lo reemplazaron con el último modelo. Entonces, el teléfono me salió gratis.

John se quedó mirando el teléfono un minuto, luego me lo entregó y se fue a la cocina a recoger una manzana. Regresó y se sentó, y hablamos sobre los Seahawks un rato, debatiendo si Homgren podría llevarlos a la gran final del fútbol americano.

—¿Te viste esa película con Nicolas Cage, *The Family Man*? —me preguntó John mientras le daba un mordisco a su manzana y dejaba atrás la charla deportiva.

—Creo que sí la vi, es como la historia navideña del viejo amargado Scrooge o algo parecido, ¿no es cierto? —pregunté.

—Algo por el estilo —continuó John—. Hay una escena en la que Nicolas Cage entra a una tienda de víveres para comprar una taza de café o algo, no me acuerdo, y Don Cheadle es el encargado de la tienda. Resulta que hay una niña frente al personaje de Nicolas Cage haciendo fila, y ella está comprando algo que vale noventa y nueve centavos, y le entrega un dólar a Cheadle. El tipo saca unas monedas y nueve dólares de la caja registradora y se los entrega a la niña, dándole mucho más cambio del requerido, ¿te acuerdas?

—Creo que sí —dije.

—Y la niña no lo corrige. Se da cuenta que Cheadle le ha devuelto más de la cuenta, como si ella le hubiera dado un billete de diez dólares, pero se queda con el dinero y lo mete en su bolsillo sin decir palabra. Cuando va saliendo por la puerta Cheadle la detiene para darle otra oportunidad. Le pregunta si necesita alguna otra cosa, ella sacude la cabeza y sale de la tienda.

—Ya veo a dónde vas, John —le dije, sabiendo que trataba de hacerme sentir culpable por el teléfono.

—Déjame terminar —me dijo—. Entonces Cheadle mira a Nicolas Cage y le dice: *¿Viste eso? Vendió su integridad por nueve* *dólares. ¡Nueve dólares!* —tan pronto John dijo eso, miró el televisor, tomó el control remoto y subió el volumen; yo hablé un rato después.

—¿Tú crees que eso es lo que yo hice? —pregunté—. ¿Con el asunto del teléfono? ¿Crees que estoy vendiendo mi integridad o algo por el estilo? —confieso que dije esto con una mueca.

—Eso creo —dijo John sin enjuiciamiento, simplemente declarando un hecho—. Don, no quiero sonar como un santurrón, pero la Biblia habla de aquellos que tienen el corazón endurecido. Eso pasa cuando el pecado, después de un tiempo, nos ha engañado a tal punto que ya ni nos importa si nuestras acciones son correctas o erróneas. Tenemos que protegernos de eso porque nuestros corazones son propensos a caer en esa trampa, sobre todo por asuntos que parecen insignificantes como las mentirillas blancas. Todo lo que te digo, como tu amigo, es que tengas cuidado con ese tipo de cosas.

—Ya veo —le dije, y después de eso no hablamos más del asunto; volvimos a hablar de los Seahawks y de un episodio recalentado de *Los Archivos X* que vimos más tarde. John se fue a acostar después de eso y me puse a ver qué estaban dando en todos los canales, hasta que vi una vieja entrevista con Richard Nixon. Se veía cansado. Fue después que terminó todo el asunto de Watergate. Se veía cansado pero también relativamente inocente. No estoy diciendo que no haya hecho nada malo. Solamente que comparado con todo lo que vemos hoy, se veía inocente. Básicamente, Nixon hizo trampa para avanzar en la política. Eso a duras penas se consideraría un delito en la actualidad. Hoy día un político que no pueda salirse con las suyas tras distorsionar la verdad no se gana el respeto de nadie. No me gustó que se viera tan inocente. Me pregunté por qué no admitía llanamente que se había equivocado. Fui a la tienda de teléfonos celulares al día siguiente, y aunque el aparato me costó más de nueve dólares, me dieron de vuelta mi integridad.

Capítulo 12

ÉTICA LABORAL:
LAS ESTRATEGIAS BÉLICAS DE LOS CHINOS

Durante los años que viví con los MacMurray, descubrí que los niños son ruidosos. En las mañanas se levantan con el sol y abren la caja del cereal antes que sus papás se despierten. Al cabo de diez minutos uno de ellos ha apuñalado al otro con un tenedor, así que siempre me despertaba la alharaca de un homicidio. Si me ponía una almohada encima o encendía el ventilador, podía ignorar el ruido unos diez minutos, pero tarde o temprano tenía que bajar las escaleras y encerrar al que estuviera gritando en la despensa.

Cuando Chris tenía como tres años y Elle uno y medio, ambos se levantaban tan temprano como si fueran agricultores, y eso que no les tocaba ir a trabajar. Yo dormía hasta tarde porque después de ver salir el sol un par de veces por detrás del Monte Hood, uno se acostumbra al espectáculo y se da cuenta de que no tiene que ver algo hermoso para hacerlo hermoso. Ese amanecer es precioso lo vea uno o no. Por eso, tras experimentar el ritual matutino unas cuantas veces, decidí volver a mis viejos hábitos de cobija. El sacramento matutino era una ocasión bonita, pero la tierra de los sueños era mi lugar preferido.

Digo esto porque no hay muchos deleites que disfrute más que el sueño. Normalmente, yo duermo hasta que termino de dormir, y no he puesto una alarma en años. Quiero aclarar que no soy perezoso, simplemente me parece extraño que alguien programe una máquina para que lo despierte. Dios hizo el cerebro para que se despertara por cuenta propia y yo, como seguidor de Jesús, me adhiero estrictamente a su sistema. Llámame fundamentalista si quieres.

No obstante, la verdad funesta acerca de vivir con una familia es que uno no duerme tanto como quisiera. A no ser que pueda costearse una niñera o enviar a los críos en edad de gatear a una escuela militar, tal como lo tengo planeado, toca levantarse con el sol de la mañana. No se puede hacer nada al respecto. Traté de sortear ese obstáculo, pero tras descubrir que yo usaba almohadas y ruidos mecánicos para ignorar el caos matutino, Chris decidió que iba a subir las escaleras y despertarme en persona. Se paraba junto a mi cama y se quedaba mirándome, haciéndome sentir como si fuera alguna clase de animal que vivía en su casa. Le decía que la estrategia de la culpa no le estaba funcionando, que yo era un hombre adulto y podía dormir tanto como quisiera, pero él se quedaba ahí mirando y usando todo tipo de tácticas silenciosas de un niño de tres años que seguramente aprendió de un libro sobre las estrategias bélicas de los chinos.

—¿Qué quieres, Chris? —le decía a mi almohada con un aliento que olía a excremento de gato.

—¿Estás durmiendo? —preguntaba Chris sacándose el pulgar de la boca.

—Estoy durmiendo. Cuando Don está acostado y no se mueve, está durmiendo.

—Papá dice que tú duermes todo el tiempo y nunca paras de dormir.

—Pero ya no estoy durmiendo, ¿no es así, Chris?

En ese momento Elle, que era muy lenta a la hora de subir escaleras, llegaba al último escalón y se reía, luego se subía a mi cama y me metía el dedo en el oído antes que ella y Chris se pusieran a saltar sobre mi cabeza. Seguramente es algo que aprendieron de los samurai.

Yo los sacaba de la cama pero ellos volvían y ninguna cantidad de empujones y patadas lograba sacarlos de mi cuarto. Lo intenté todo, fingía estar muerto y quedarme sin aire, salía rodando de la cama diciendo que era alérgico a los niños, dormía con varios disfraces para asustarlos, de fantasma, de matón con hacha y de Andy el Harapiento. Nada funcionaba. Ellos venían una mañana tras otra, constantes e inclementes como gotas de agua que me caían en la frente sin parar.

Después de veinte minutos, Chris se aburría o le daba hambre y se iba. Eso a duras penas era un alivio, porque Elle todavía no se había armado de valor para bajar las escaleras y se quedaba en la puerta, se volteaba a mirarme y emitía el tipo de grito que un pueblo podría emplear para advertir sobre la proximidad de un tornado. Es difícil creer que una criatura tan pequeña con cuatro extremidades diminutas y una cabeza que sale de un pañal enterizo, pueda producir un ruido tan estridente.

—Apóyate en tu trasero y baja escalón por escalón, Elle —decía con la boca enterrada en mi colchón bajo el peso de mi cabeza adormilada, y ella me respondía con advertencias alarmantes acerca de un tornado inminente.

—Entonces baja rodando, agarra una almohada y ¡rueda! —le decía ofreciéndole una de mis almohadas.

Ella exhalaba y gritaba otra vez, dejando caer grandes lágrimas de cristal por sus cachetes, extendiendo los brazos para pedirme que la cargara, la rutina completa de una chica en miniatura.

—Ellie, son las nueve de la mañana, por lo más sagrado. Además es jueves, nadie se levanta tan temprano un jueves.

La niña ya había dejado de gritar porque le faltaba el aire y hacía las convulsiones de un bebé cuando tiene hipo. Yo me salía de la cama en ese momento, me inclinaba para cargarla y la bajaba por las escaleras hasta la cocina. Después de unos segundos el hipo daba paso a una respiración irregular y ella engarzaba su cabeza en mi cuello, me rodeaba los hombros con sus bracitos y por supuesto, me conquistaba.

Eso es lo que sucede con los niños, ¿no es así? Yo creo que Dios los hizo pequeños y tiernos para que no olvidáramos alimentarlos.

———

—ESTA SE SALIÓ de su jaula —le dije a Terri una mañana después de llevar a Elle a la cocina y dejarla sobre la repisa.

—¿Fuiste a ver al tío Don esta mañana, Ellie? —preguntó Terri mientras se inclinó a besarla en la frente mientras batía unas yemas de huevo. Elle asintió con la cabeza para decir que sí, con las lágrimas todavía empapándole las mejillas y su respiración postraumática.

—¿Lo despertaste como te dije, Elle? comentaba John mientras pasaba a la mesa tras poner el periódico sobre la repisa.

—¿Entonces tú eres el que ha estado mandando a los niños arriba? —pregunté con curiosidad genuina de por qué John interrumpía mi libertad religiosa.

—Don, son las nueve de la mañana. No lo puedo soportar. ¿Cómo puedes dormir hasta tan tarde? —preguntó mirando a su esposa y sacudiendo la cabeza, como para contar con su acuerdo.

—A mí no me metan —dijo Terri batiendo los huevos.

—No es por nada, Don —empezó John—. Disfrútalo mientras eres joven y soltero. Tarde o temprano la realidad te va a pegar duro y no vas a poder dormir hasta el mediodía. Eso te lo puedo asegurar.

—Pero yo cumplo con mi trabajo —me defendí.

—Eres un escritor, Don. Eso no es trabajo. Seamos francos, tú solo escribes un par de días a la semana, el resto del tiempo haces lo que quieres, ¿no es así? —John empezó a sonar medio serio y yo lo estaba tomando como un ataque personal, si quieres saber la verdad.

—Así trabajamos los escritores. Es una labor creativa —le dije—. Uno no puede escribir todos los días.

—Seguro que sí se puede —me dijo—. Yo he escrito trabajos de fin de semestre, yo sé lo que es escribir. Uno puede escribir así no tenga ánimo. Estás dejando que tus sentimientos te controlen. Tu trabajo es como cualquier otro.

———

EN ESA ÉPOCA John y yo empezamos a pasar más tiempo juntos, hacíamos viajes para tomar fotos de montañas y atardeceres, así como disfrutar otras diversiones gratuitas. Lo cierto del caso es que John es un trabajador arduo. Cuando toma fotos se levanta temprano y sale a enfrentar el mundo antes que salga el sol. Los fotógrafos de la naturaleza tienen dos ventanas de tiempo en las que pueden tomar sus mejores fotografías, el amanecer y el atardecer. Por eso John, que es famoso por quedarse despierto hasta las dos de la madrugada, a veces se obligaba a salir de la cama a las cuatro para manejar un par de horas hasta una ruta de escaladores, luego caminar un par de kilómetros entre las montañas para montar su equipo y tomar fotos cuando la primera luz saliera entre los árboles. Esos eran los viajes fáciles. Los difíciles incluían varios vuelos aéreos para llegar a sitios inhóspitos, luego caminar varios días hasta un desierto remoto o ir en un helicóptero que lo dejaba en la cima de una montaña en Nueva Zelanda, todo ello con la esperanza de que la luz del atardecer apareciera de cierta manera sobre un lago montañoso, o que la niebla se reposara sobre un valle, o que un leopardo se comiera un puerco espín o cualquier cosa que se supone que ocurre en el mundo natural. Como si eso no fuera suficiente, John me explicaba que la fotografía de la naturaleza era el trabajo más fácil que tenía. Manejar un negocio, enseñar clases y lograr que Terri siguiera interesada en él requerían todavía mayor energía y atención que fotografiar puestas de sol.

Quiero decir que el tipo trabajaba duro y, a causa de eso, aprendí un poco sobre la ética laboral. Aprendí, por ejemplo, que una persona podía disfrutar su trabajo en vez de experimentarlo como un castigo. John y yo hablamos al respecto cuando fui con él a tomar una foto en las grietas del río Columbia. Habíamos caminado hasta la cima de una montaña más pequeña para divisar el Monte Adams al otro lado del río. Nos demoramos en llegar y tuve que respirar muy hondo al llegar mientras John se fijó en la montaña, luego en el cielo y se preguntó en voz alta si el sol de la tarde iba a dejarse ver entre las nubes.

—Sea como sea, el paisaje es espectacular —dije.

—Pero no es digno de ser fotografiado. No todavía —me dijo John.

—¿De qué estás hablando? Es increíble, hombre.

—Don, hay millones de fotografías de paisajes como este. Cualquiera podría escalar esta montaña y tomar esta foto cualquier día. Yo estoy buscando algo un poco más excepcional.

—Ya veo —dije, pero pensé que la fotografía saldría muy bonita como fuera.

John sacó su trípode de diez kilos de su maleta y lo instaló. Después montó cuidadosamente su cámara de cuatro por cinco. Es una cámara de aspecto antiguo, de esas que uno se imaginaría con un tipo en la década de los cuarenta, sosteniendo un palo en su mano libre que estallaría como un flash cuando tomara la foto. Primero quitó unas toallas en las que tenía envuelta la cámara, luego la puso sobre el trípode y apretó las roscas. Miró por la apertura y se fijó para ver si las nubes dejaban pasar algo de luz. Yo también miré por la cámara y vi el Monte Adams a la distancia, al revés en el visor, y el ancho río Columbia que iba en dirección este, hacia las tierras de cultivo que lo llevarían hacia el norte con rumbo a Canadá. Me senté sobre una roca y miré las nubes que se extendían como algodones por la ladera del Monte Adams. Luego miré más al norte y vi el Monte St. Helens, luego el Monte Hood hacia el este y el Jefferson al sur, y alcancé a ver un bote a la distancia que subía por el Columbia hacia la cordillera Cascade. En medio de toda esa belleza y el silencio solemne, John empezó a desmontar la cámara del trípode. No iba a tomar la fotografía.

—¿Qué estás haciendo? —pregunté.

—La luz no está bien —dijo mientras envolvía la cámara con las toallas y la metía en el fondo de su maleta.

—Es hermoso —dije.

—Es muy lindo —concedió mientras desarmaba lentamente el trípode y miraba la montaña—. Pero no está bien.

—Toma la foto —dije—. Hemos venido de tan lejos.

—No hemos ido muy lejos —dijo—, y la luz no es buena. Esperaba que el sol se abriera paso entre las nubes y pusiera algo de color en los glaciares, pero no va a suceder. Las nubes están muy densas esta noche —apenas dijo eso metió el trípode en su maleta y colocó todo el peso sobre sus hombros—. ¿Quieres verlo otro rato o quieres irte ya a la casa?

—Bueno, sí hicimos todo el viaje hasta aquí —le dije.

—Pero tengo una familia que me espera de regreso en casa —me recordó.

—Está bien —dije metiéndome las manos en los bolsillos y echando un último vistazo a cada uno de los picos; John se rió de mí como si yo no me diera cuenta.

—¿Tratas de absorber toda esa belleza? —preguntó.

—Bueno, siento que deberíamos tener un momento de silencio, tú sabes. Algo para mostrar respeto a las montañas.

—Las montañas son montones de tierra, Don. Respeta a Dios.

—Bueno, entonces un momento de silencio para Dios —le dije.

—Está bien —dijo John, que se quedó inmóvil un momento, como mirando al suelo; luego levantó la mirada y me dijo:

—¿Sabes qué? Yo hago esto todo el tiempo. Realmente amo a Dios y todo eso, pero mejor vayámonos a la casa. Dios también hizo a mi familia, ¿no?

—Tienes razón, al fin y al cabo, si has visto una montaña las has visto todas —enuncié con sarcasmo.

—Exactamente —dijo John mientras empezó el descenso.

—Eché un último vistazo al Adams y dejé que mis ojos siguieran un poco el trayecto del río, notando una cascada a la distancia. Luego me di la vuelta y seguí a John por la ruta de bajada. No hablamos mucho en el viaje de regreso al parqueadero, pero sí recuerdo tener un respeto renovado hacia John, y me pregunté con cuánta frecuencia haría esas caminatas de varios kilómetros sin poder tomar una sola foto.

—¿Esto te sucede mucho? —pregunté mientras bajábamos por la montaña en la camioneta.

—¿Qué cosa?

—¿Cuántas veces realizas todo este trabajo y no logras tomar una fotografía?

—No sé, trato de no pensarlo.

—Dime más o menos —persistí.

—Sucede gran parte del tiempo —dijo—. No sé, yo creo que uso como un diez por ciento de las fotografías que tomo. Tal vez un poco más.

—¿Noventa por ciento de tu trabajo termina en la basura? —pregunté retóricamente.

—Tal vez menos que eso, no sé.

—¿Cómo lo logras, John? O sea, ¿cómo haces para salir de la cama a las cuatro de la mañana o caminar durante días entre las montañas sin saber con certeza que vas a conseguir una foto buena. ¿No te enloquece saber que las probabilidades de lograr una buena foto son tan bajas?

—Pero así no es como se supone que uno deba pensar en el trabajo, Don. No se trata de pensar en lo que no se lleva a cabo, sino de enfocarse en lo que sí se logra hacer. El precio de una buena fotografía es nueve caminatas más, otras nueve veces que me toca salir de la cama. Ese es el costo de un momento grandioso.

—¿Ganas buen dinero haciendo esto? —pregunté.

—Gano mucho dinero, si eso es lo que estás preguntando.

—¿Cuánto te ganas? —pregunté.

—No te incumbe —dijo.

—¿Un millón? —pregunté.

—¿Quién te crees, mi banquero? —se rió.

John continuó su descenso por la montaña y las luces de la camioneta nos permitían ver un bosque que parecía volverse más denso a nuestro paso.

—Es muy chévere, puedes hacer lo que quieres y ganar dinero haciéndolo, y además es bastante dinero. ¿Cuánta gente puede decir lo mismo? —pregunté.

—Es una bendición —dijo John—. Pero tú también puedes hacer lo que quieres. Ya estás escribiendo libros y todo.

—Sí, pero no gano nada de dinero haciéndolo.

—¿Tú crees que siempre hice dinero con mi trabajo? Pregúntale a Terri. Comí mucha mantequilla de maní al principio, Don. De hecho, durante muchos años tuvimos muy poco. Dios siempre proveyó para nuestras necesidades, pero recuerdo cuando Terri y yo éramos novios, que ella me invitaba a cenar por lo menos seis noches cada semana. Si no hubiera sido por ella, jamás habría ido a ver una película ni salido a comer. Ella siempre pagaba la cuenta. Pudo haber sido una humillación para mí pero ella era muy especial conmigo y nunca me hizo sentir mal, únicamente me daba ánimo diciendo que estaba tomando fotos muy buenas. Terri siempre ha tenido su vida en orden, Don. Yo era un fantoche con una cámara.

—¡Terri pagaba la cuenta cuando ustedes eran novios! —dije riéndome conmigo mismo.

—Oye, así es cuando estás tratando de empezar, es la situación de los artistas que se mueren de hambre, tú sabes cómo es eso.

—Sí, ese es el precio de perseguir los sueños que uno tiene.

—¿Y ahora qué eres, una tarjeta para ocasiones especiales? —dijo riéndose con cinismo.

—Tú eres el que vivió de su mujer —dije en voz baja y luego nos quedamos callados; después le confesé a John que no me gustaba trabajar y no entendía por qué nos tocaba hacerlo.

—Es un sistema de locos —empecé—. Dios nos creó de tal modo que tenemos que comer y beber para sobrevivir, y creó la tierra para que la trabajemos a fin de obtener comida y agua, eso significa que Dios nos creó de tal modo que nos toca trabajar. Es una locura. Es por aquello del pecado original o algo así, ¿no es cierto?

—No —dijo John colocándose su sombrero de teólogo—, el asunto no es así. Adán y Eva tenían que trabajar antes de la caída. El trabajo no es un castigo, es un galardón.

—¿Cómo que un galardón? —pregunté.

—Bueno, esa es la pregunta obvia y la respuesta va a sonar simple pero préstame atención. Todo gira en torno a Dios —dijo.

—Dios. O sea que yo debería trabajar porque Dios quiere que lo haga. Entonces es un mecanismo que funciona a base de culpa.

—No, no en absoluto. No deberíamos hacer nada motivados por la culpa. El trabajo existe por un sinnúmero de razones. Dios mismo trabajó. Él creó la tierra y el cosmos. Nosotros trabajamos para participar en la vida de Dios, para imitarlo. Es por eso mismo que observamos un día de reposo. El trabajo es una de las maneras en que accedemos a la vida, una oportunidad para formar parte integral del universo creado. Es importante. La Biblia dice que todo lo que hagamos, cualquier trabajo que realicemos, debemos hacerlo para el Señor, con el propósito de agradarle. Del mismo modo que yo hago las cosas que sé hacer para honrar o agradar a Terri.

—Entonces la idea es que me levante por la mañana y trabaje para Dios —dije.

—Correcto. Si trabajas para ti mismo vas a salir decepcionado o vas a trabajar más de la cuenta para tratar de redimirte o algo así, o vas a ser perezoso. He descubierto que Dios es la única motivación en que no se aplica la ley del rendimiento decreciente. Yo me regocijo en conocerlo y Él le da sentido a mi vida, mi familia, mi dinero y mi trabajo. Veo el trabajo como una simple herramienta. Es el medio para un buen fin, no un fin en sí mismo.

—Entonces yo podría ser un taladrador y no importaría.

—Trabajar con un taladro es una profesión noble —dijo John—. Eso es lo que me irrita, la gente cree que si alguien realiza algún tipo de trabajo chic es más valioso. No es cierto. Todo trabajo es buen trabajo. ¿Sabes qué hacía hace tiempo?

—¿Qué?

—Mantenimiento de pozos sépticos. Literalmente, sacaba excremento humano y lo metía en un tanque móvil. Y eso es honroso.

—Suena divertido —asentí con una mueca.

—No lo era. Te aseguro que no era nada divertido, pero el trabajo era honroso y me hizo mejor persona. Nadie debería avergonzarse del trabajo que realiza. Deberían hacerlo con orgullo y hacerlo bien. El tipo para quien trabajaba, el administrador de los sistemas sépticos, siempre se esmeraba en hacer un trabajo excelente y era un orgullo para él. Esa fue una lección importante para mí. ¿Has visto cómo queda el césped de una casa después que alguien hace el mantenimiento del pozo séptico? Es un desastre, queda como si acabaran de hacer un entierro. Eso nunca pasaba con el tipo para el que yo trabajaba. Él nos mandaba a desgajar el pasto y amontonar los pedazos en orden para que no quedara tierra en el resto del césped. Luego vaciábamos el pozo e instalábamos un tubo para que la próxima vez no tuviéramos que arrancar el pasto. Luego poníamos la tierra y la apisonábamos para proteger el tubo y dejar la superficie plana. Por último, colocábamos otra vez el pasto, exactamente donde había estado antes. Mira Don, hacíamos tan buen trabajo que nadie se daba cuenta de lo que habíamos hecho. Trabajábamos a la perfección. Todos los días la gente nos llamaba a preguntar cuándo íbamos a ir, y teníamos que explicarles que ya habíamos ido y terminado el trabajo. La gente discutía con nosotros por teléfono, nos gritaban y nos exigían que hiciéramos el trabajo, y nos tocaba demostrarles que ya lo habíamos hecho. No lo podían creer.

—Qué locura —dije.

—Sí, pero era un trabajo honrado que me enseñó a apreciar en gran manera lo que hago, a ofrecerle a la gente más de lo que esperan y a trabajar para el Señor, no para los hombres. El tipo de los tanques sépticos era cristiano y nos decía que todo lo que hacemos es un acto de adoración a Dios, así sea, literalmente, succionar boñiga de un tanque subterráneo. Eso para él era un acto de adoración.

—Nunca lo pensé en esos términos —dije.

—¿Ves a qué me refiero cuando digo que todo en la vida gira en torno a Dios? Si Dios es la razón definitiva de todo, todo tiene sentido y tenemos un motivo para hacer lo que hacemos, más allá de alimentar a nuestras familias. Es algo mucho más grande que eso.

—El trabajo es adoración —repetí en voz baja.

—Sí —continuó John—, y esto es lo que eso significa en términos prácticos: Cuando no quiero salirme de la cama para tomar fotos de esta creación que Dios hizo, sé que tengo algún problema con Dios. Es decir, tengo que averiguar qué es lo que sucede en mi relación con Dios. Todo en mi vida está conectado a mi relación personal con Dios.

—¿Entonces no crees que el trabajo sea un castigo, una consecuencia de la maldición? —pregunté en voz alta para saber si realmente hablaba en serio.

—Absolutamente no —dijo John—. Es decir, la gente puede hacer trampa o construir algo que no honra a Dios, eso es diferente. Pero el trabajo, la idea de trabajar, es algo inventado por Dios, y hacerlo bien es parte de nuestra espiritualidad.

Capítulo 13

EDUCACIÓN:
EL PERRO DE JORDAN Y MINDY

Crecí creyendo que era estúpido. Nadie me lo dijo, pero yo lo sabía. Digo que nadie me lo dijo, pero mis libretas de calificaciones lo decían en tinta roja, mis tareas lo decían en cada apunte del profesor y la expresión de frustración en mis maestras lo confirmaba. Mamá trabajaba de día y de noche cuando yo era menor, así que mi hermana y yo llegábamos de la escuela a una casa vacía. Nos alimentábamos solos y recorríamos la tierra donde nosotros y otras familias alquilaban casas. Había un potrero con granero pero no había caballos ni vacas. Tenía una cerca con alambre de púas y pasando el campo que había después del lado norte de la cerca había una estación de gasolina con una tienda. Se podía comprar chicle por cinco centavos. Yo nunca hacía tareas por la noche, y cuando mi mamá llegaba a casa cansada y con ganas de ver televisión, yo mentía y le decía que había estudiado.

Tenía un caso terrible de atención deficiente que me dificultaba concentrarme en cualquier cosa más de unos instantes. Cuando oía hablar a la maestra, sentía como si estuviera dando vueltas en un carrusel y únicamente alcanzaba a oír una de cada cinco frases. El resto del tiempo me preguntaba cómo hablarían los delfines debajo del agua o cuál sería la moneda oficial de una civilización de títeres.

Una persona que se cree estúpida está en peores condiciones que un estúpido de verdad. Mis amigos Mindy y Jordan tienen un perro grande que se somete a un gato flacucho. Es un pitbull que me llega más arriba de la rodilla, es musculoso y tiene el pecho duro como un escudo. Al gato se le ven los huesos y maúlla como un condenado, pero el perro hace lo que el gato sugiere porque no sabe que es perro, no cree que tenga músculos ni fuerza.

Esto es pura cuestión de creencias, supongo. Como venía diciendo, cuando uno cree que es estúpido, actúa como un estúpido. Yo hacía tareas únicamente para pasar raspando. Cada año era un reto de mera supervivencia. Sobrevivía el día si me las arreglaba para evadir a los chicos malos de la escuela, la maestra y las preguntas de mi mamá. La idea de que había algo más que la supervivencia nunca se me ocurrió. No sabía que podía sacar buenas notas, que había un mundo entero acerca del cual podía aprender, o que el aprendizaje era una aventura incomparable. Todos estaban frustrados conmigo, y sentía que mis malas calificaciones eran tacones de zapatos que me metían en un hoyo sin salida, y tampoco se me ocurrió que tendría la capacidad de salir de ahí. Entonces lo único que hacía era rodar a la izquierda cuando el tacón bajaba y rodar a la derecha cuando volvía a bajar.

Más del setenta por ciento de los estudiantes que abandonan sus estudios proceden de hogares sin figura paterna. Para mí no fue una sorpresa leer esa estadística publicada en el informe nacional de rectores hace un par de semanas. Sin un papá que cimiente el hogar, a la madre le toca trabajar hasta quedar exhausta, y de ningún modo queda disponible para nutrir y apoyar. No creo que la naturaleza pecaminosa pueda resumirse en una frase, pero sí sé que parte de ella significa que una persona que se deja sola no crece ni se fortifica, al menos en el área emocional y ciertamente en el aspecto académico. Todos necesitamos que nos empujen. A mí no me empujaron mucho, por lo menos no con las cuatro manos de los padres. Dios sabe que una maestra tiene muchas distracciones cuando se enfrenta a un salón repleto de niños groseros, y que tampoco se siente motivada por el estudiante que no tiene capacidad de comprensión. No pretendo echarle la culpa a los demás porque yo fui el que no estudió y yo fui el que no aprendió, pero las condiciones sociales sí importan, si así no fuera los papás, las mamás y las maestras no jugarían ningún papel.

Traigo todo esto a colación para mostrar que las condiciones eran propicias para enseñarme que yo era estúpido. Esa fue una de las pocas lecciones que aprendí bien. Las calificaciones se convirtieron en etiquetas, y casi podrían considerarse como el monto de mi valor como ser humano.

Nunca saqué una nota mejor que C (o 3 en la escala de 1 a 5) hasta mi último año en la secundaria. Al empezar ese año no sabía si iba a graduarme. Mi profesora de español me dejó pasar al grado doce con la condición de que nunca volviera a tomar otra clase de español, el resto de mi vida. Es una promesa que he cumplido, pero en aquel tiempo la condición no me dio confianza para pasar raspando otras materias dictadas por profesores menos generosos.

Recuerdo que una noche, después de haber perdido otro examen en mi último año de secundaria, me quedé acostado mirando las aspas del ventilador en el techo de mi cuarto, preguntándome si de pronto tenía un leve retraso mental. Sé que casi suena chistoso, pero es cierto. Eso es algo que me pasó tal y como lo cuento.

Sin embargo, todo eso cambió en el segundo semestre de mi último año de secundaria. Una chica que me gustaba se enroló en una clase que se llamaba psicología avanzada. Acudí de inmediato a la consejera académica para cambiar mi horario.

—Esta clase es únicamente para estudiantes en el diez por ciento del mejor desempeño académico —me dijo con pintalabios en los dientes.

—Yo no sabía eso —le dije—. ¿Y yo en qué porcentaje estoy? —pregunté mirando el archivo que tenía en su escritorio.

—Bueno —dijo mientras abría el archivo y sacaba mis calificaciones—, tú no estás en el diez por ciento, definitivamente estás en uno de los porcentajes, pero no en el diez por ciento de estudiantes con el mejor desempeño académico.

—¿Qué necesito para entrar a ese grupo y tomar esa clase? —pregunté.

—Una máquina para viajar en el tiempo —dijo con seriedad absoluta.

—¿Una máquina para viajar en el tiempo? —pregunté.

—Correcto. Podrías usarla para regresar a tu primer año y empezar de nuevo tu educación, esta vez en serio —apenas dijo eso cerró mi carpeta y la puso sobre su escritorio.

—Usted no me va a dejar tomar esa clase, ¿cierto? —le pregunté.

—No puedo. La clase es para estudiantes con el diez por ciento del rendimiento académico. Lo lamento.

—¿No hay nada que pueda hacer? —pregunté de nuevo.

—Mejora tus calificaciones, Don. No hay ninguna razón por la que tu último año no pueda ser excelente. Luego cuando entres a la universidad tendrás oportunidad para mejorar tu desempeño.

—Claro que sí —dije levantándome y poniéndome la chaqueta; me quedé parado junto a su puerta, inquieto por algo más que me había dicho; sacudí unas monedas que tenía en el bolsillo.

—¿Puedo ayudarte con algo más? —preguntó, y yo me quedé ahí sin hablar—. Cuéntame Don, ¿en qué piensas? —dijo mientras tomaba mi registro y lo metía en el archivador.

—Las máquinas para viajar en el tiempo no existen, ¿o sí? Usted estaba bromeando, ¿no es cierto? —pregunté medio mirando al piso mientras ella me miraba de soslayo, boquiabierta.

—Lo dije en broma, Don, claro que sí —dijo mientras sacudía la cabeza con asombro.

—Ah bueno —le dije—, yo sabía que estaba bromeando. Yo también lo dije por molestar, bueno, fue un gusto hablar con usted, que tenga buen día —y salí de ahí tan rápido como pude, luego saqué una cita con el rector que estaba disponible en el momento y me hizo pasar a su oficina.

—¿En qué te puedo ayudar, Don? —preguntó el rector que era un hombre enorme y amigable con una réplica de velero en miniatura sobre su escritorio.

—Quiero tomar la clase de Psicología avanzada —le dije.

—Pero esa clase es para los estudiantes con mejores calificaciones, tú no eres uno de ellos, ¿verdad? —me preguntó casi seguro de no haber confundido mi reputación con la de otro estudiante.

—No, no estoy en ese grupo, pero es que ha sido muy difícil, como usted sabe, estudiar y todo lo demás. Sé que no me ha ido bien, pero por alguna razón quiero entrar a esa clase, ¿puede ayudarme?

—Bueno, hijo, me gusta tu ambición. De verdad que sí, pero no creo que pueda hacer eso. Es una clase especial para gente especial, y no digo que no seas especial, porque lo eres. Tú eres muy especial...

—Mire, señor Martindale —lo interrumpí—, no hay nada que quisiera más que retroceder en el tiempo para tomar en serio mi educación. Porque el estudio es algo muy serio. Usted y yo lo sabemos, pero algo más que tanto usted como yo sabemos es que no existen las máquinas para viajar en el tiempo. Tengo suficiente inteligencia para saberlo, y usted también. Pero yo lo siento, señor Martindale —me puse una mano en el corazón mientras lo dije—. Lo siento en lo profundo de mi ser. Me encanta la clase de psicología avanzada. Tengo anhelo de asistir a esa clase, y si usted me ayuda a entrar y me consigue un asiento junto a Nicole Locker, usted le estará diciendo al mundo que siempre hay segundas oportunidades.

—No creo que el mundo tenga mucho interés, señor Miller —dijo el señor Martindale, y luego hizo algo que nunca me ha dejado de sorprender; le pidió a su secretaria que trajera la lista de estudiantes inscritos en la clase, y después de revisarla para descubrir que sólo se habían inscrito diez estudiantes, escribió mi nombre en la lista; hasta el día de hoy no sé por qué lo hizo, pero no recuerdo haber estado tan emocionado en mi vida; iba a aprender todo lo que podía conocerse acerca de Nicole Locker, y también de psicología avanzada.

El maestro era el señor Higbee, un ex ministro metodista convertido en filósofo agnóstico. Dictó esa clase como ninguna otra en la secundaria. La dictó como si fuera un curso universitario. Nos mandó escuchar semanas enteras de conferencias y luego nos hizo exámenes. Era diferente porque no teníamos que regurgitar respuestas memorizadas sino pensar. El maestro nos requería recordar lo que habíamos aprendido y aumentarlo, poner por escrito lo que sentíamos al respecto, con qué estábamos de acuerdo y en desacuerdo. Para mi sorpresa, en cuestión de dos semanas perdí interés en la chica pero adquirí un extraño afecto hacia unos teóricos de la personalidad que ya habían muerto. Cada dos meses cuando nos hacían examen yo escribía, y escribía, y escribía hasta que al señor Higbee le tocaba quitarme el esfero y recoger las páginas que había desperdigado en mi escritorio. Siempre fui el último estudiante en salir. Me encantó la clase, y para mi gran asombro así como para el de los señores Higbee y Martindale, terminé con un puntaje del noventa y nueve por ciento. El único que sacó mejor puntaje fue el alumno que pronunció el discurso de despedida en la graduación.

Esta fue la clase que plantó en mí la duda, que tal vez no tenía retraso mental sino que era uno de esos niños especiales que no pueden hablar muy bien pero pueden tocar Mozart en el piano. La diferencia era que yo sí podía hablar y mi Mozart era el dominio de un libro de texto de psicología y que no lo dominaba del todo, sólo a medias.

Aunque más tarde me di cuenta que no era autista ni tenía talentos ocultos de ningún tipo, también se me ocurrió que tal vez no era estúpido. La semilla de duda en cuanto a mi supuesta estupidez que se sembró en la clase del señor Higbee dio paso a otra revelación importante. En aquella época, para relajarme, yo tenía el hábito de salir a hacer largas caminatas por el vecindario. Una noche en particular se me ocurrió algo que me pegó como un meteorito caído del cielo: *Yo podía ser lo que quisiera*. Más específicamente, se me ocurrió que podría ser abogado, lo cual es ridículo porque jamás podría serlo. Pero la verdad más profunda del asunto persistió, y sigue conmigo hasta el día de hoy, que no había un cielo raso sobre mi cabra, que si yo me propusiera salir y hacer lo que quisiera con mi vida, podría hacerlo. Sé que todo esto suena elemental, y la mayoría de las personas se dan cuenta de todo esto en su infancia, pero cuando uno crece en un ambiente difícil hay una parte de uno que cree que la vida, la universidad, un buen trabajo, el dinero y todo lo demás, son para alguien más, y que uno no está invitado a esa fiesta.

Me encantaría decir que la lucha terminó aquella noche, pero no fue así. Fue una noche grandiosa, pero el trayecto todavía tenía muchos obstáculos. La mayoría de mis amigos fueron de una vez a la universidad, pero como nosotros no teníamos dinero y yo no me había concentrado en la escuela, la universidad no parecía una opción viable. Ahora sé que sí lo era. Tal vez hubiera tardado un par de años más para graduarme, pero a la larga habría salido ganando. En aquel tiempo era difícil no comparar mi vida con la de mis amigos, la mayoría de los cuales se fueron a estudiar, vivieron en dormitorios, asistieron a juegos de fútbol universitario y se emborracharon en parrandas que duraban toda la noche. Yo en cambio vivía con mi familia, repartía comida china a domicilio y asistía a clases por la mañana, sintiéndome siempre como un perdedor.

No obstante, en aquel tiempo aprendí a leer. No me jacto al decirlo, pero no fue sino hasta que cumplí veinte años que leí mi primer libro. No es broma. Pasé por toda la secundaria sin leer más que unos párrafos aquí y allá, y nunca había leído un libro de principio a fin. Yo tenía una amiga a distancia a quien le encantaba la poesía, y para su cumpleaños fui a una librería y le compré un libro de poemas. El libro era *Poemas Selectos y Cartas de Emily Dickinson*. Nunca había oído de la autora, pero recorrí la sección de poesía en Barnes & Noble hasta que me topé con un nombre femenino. Abrí el libro y leí un par de líneas de una carta que la poetisa había escrito a su hermano cuando tenía trece años. Quedé impresionado. Me impresionó la belleza y la fibra en el estilo de la joven escritora. Podía decir más en una sola frase que yo divagando toda una vida. Me senté y leí la mitad del libro antes de levantarme a comprarlo. Escribí un mensaje a mi amiga por correo, deseándole un feliz cumpleaños, pero nunca le envié el libro. Cada día lo ponía en un sobre pero leía un par de páginas, luego me sentaba y leía el libro completo. Debí leerlo unas cincuenta veces. La chica y yo nos volvimos buenos amigos, y cuando me mudé al noroeste donde ella vivía, tomó «su» libro de mi estantería alegando que a pesar de estar desvencijado y maltrecho, le pertenecía, y lo demostró leyendo en voz alta la nota que yo había escrito tantos años atrás. Accedí a sus demandas y le permití quedarse con el libro, pero me hizo tanta falta que me metí a su casa y se lo robé al mes siguiente. Todavía lo tengo en mi estantería.

Digo todo esto porque algo importante me sucedió cuando leí a Emily Dickinson. Me enamoré de los libros. Hay personas que encuentran la belleza en la música, otros en la pintura y otros en los paisajes, pero yo la encuentro en las palabras. Al decir belleza me refiero al sentimiento que uno tiene al divisar súbitamente otro mundo, o al ver un portal que revela cierta mágica o romance que es la materia prima del universo, la sensación de que existe algo más allá de lo mundano, la razón de todos nuestros agobios. El portal es diferente para cada persona. Muchos de mis amigos lo encuentran mediante el estudio de la física o las matemáticas, otros en la biología o la música, pero para mí es la literatura.

Como subproducto de mi lectura, mi vocabulario empezó a mejorar y pude participar en conversaciones con amigos que habían ido a la universidad. No creo que haya substituto para la experiencia de la educación superior, y lamento no haberla tenido, pero un compromiso diligente con la lectura te llevará lejos. Todos los líderes de peso leen, y se podría decir que no hay excepciones a esa regla.

Me mudé a Oregon antes de cumplir veinticinco años cuando el papá de un amigo me ofreció un trabajo en su casa editorial. Tenía propuesto terminar la universidad en Oregon, pero tras asegurar un trabajo en la industria de la imprenta me di cuenta que amaba el trabajo y estaba ganando más experiencia para una carrera en libros de la que recibiría en una universidad, así que dejé los estudios para después. Un año dio paso al siguiente, y cuando quedé a cargo de la empresa la universidad pareció algo accesorio. Estoy agradecido con el papá de mi amigo porque me adiestró en una profesión que amo y en la que me considero afortunado de poder trabajar todos los días. No obstante, estaba muy al tanto de que me había perdido la experiencia de recibir una educación liberal.

Fue entonces cuando descubrí que una persona podía asistir a clases en casi cualquier institución educativa del país por una fracción del costo de una matrícula. No lo recomiendo como substituto de sacar un título acreditado, pero si quieres seguir aprendiendo es una opción válida. He tomado clases de humanidades, literatura, escritura y teología. Creo que es buena idea tomar una clase cada año. Para darte un ejemplo, aunque John MacMurray enseña en una universidad bíblica local, todavía asiste a clases de teología para mantenerse al día. Tengo otro amigo que se inventó un título que denomina su: «Doctorado en Jesús», y asiste a docenas de clases en diferentes universidades del área de Portland. Cuando termine todos los cursos de su grado ficticio no podrá conseguir trabajo en ninguna parte, pero definitivamente sabrá mucho acerca de Jesús.

Ya no pienso que sea estúpido. Últimamente pienso en la mente como un músculo, y sé que al trabajarlo se disfruta más la vida. Tuve un profesor en la secundaria que se llamaba señor Sleepak. Era nuestro instructor de música y solía decirnos que si viajábamos en neutro era porque íbamos cuesta abajo. Lo decía para motivarnos a practicar nuestros instrumentos, pero creo que se aplica al resto de la vida. Es decir, si no estamos aprendiendo algo nuevo, estamos olvidando otra cosa y no nos volvemos más inteligentes, nos entorpecemos.

La última estadística dice que el norteamericano promedio ve 1.456 horas de televisión cada año y no lee más de tres libros. Si es verdad que los lectores son líderes y cuanto más lea uno más lejos llega, los líderes no tienen mucha competencia.

PERO AL FINAL DE TODO, tengo que decirte la verdad. No creo que leer para salir adelante es una idea grandiosa. Es buena idea, pero no es grandiosa. No sé *por qué* una persona debería comprometerse con la lectura y el aprendizaje por un período largo de tiempo. No fue hasta que cumplí los treinta que entendí, después de haber alcanzado algo de éxito y cumplido algunas metas, que esos logros no significaban mucho por sí mismos. Fue entonces que entendí el *por qué* deberíamos aprender. Mi creencia anterior era que una persona debería leer libros para que a la hora de ser considerada como candidato a la presidencia, no sonara como un idiota frente al pueblo estadounidense. Pero resulta que esa no es la razón por la que debemos educarnos. Aprendí por qué debemos aprender en *Peregrino en Tinker Creek* de Annie Dillard. Mi amiga Posie me contó acerca del libro y dijo que había tenido que leerlo lentamente, que lo mantenía en el cajón de un escritorio y lo sacaba en secreto como si fuera chocolate escondido, leyendo un solo párrafo y volviéndolo a encerrar en el cajón para meditar. Me habló del libro como si fuera un viejo amante. Le dije que iba a comprar mi propio ejemplar y me miró como si estuviera al borde de encontrar una nueva fe. El libro ciertamente era denso, ahora sé que Posie lo leía en dosis pequeñas porque la mente humana no puede digerir tanto en tan poco tiempo. Dillard escribió el libro entre los veinte y treinta años y se ganó el premio Pulitzer por el esfuerzo. No es una historia, sino reflexiones sobre la corteza terrestre: La vida contenida en un arroyo, las arterias de una hoja de árbol, el lustre húmedo de un caparazón de tortuga cuando sale del agua «verdeazul». El mundo estalla en mil colores a medida que las palabras se combinan, y el lector recibe a cambio el fervor apacible de la adoración. Dillard ama la vida y quiere saberlo todo. Se aprendió los nombres de las flores y los prados, no porque quisiera ser candidato a la presidencia sino porque la tierra la había tomado de la mano, la bajó a su nivel y colocó su palma sobre el suelo para que sintiera su respiración. Al leer sus palabras sentí que no leemos libros para aprender ni aprendemos para triunfar, aprendemos porque al hacerlo experimentamos algo parecido al placer que Dios sintió en el acto de la creación. Descubrimos la obra de sus manos con Él.

———

MI AMIGO GREGG trabajaba como maestro de pedagogos y decía enfáticamente que los estudiantes motivados por el deleite aprenderán más que los motivados por la disciplina. Esto significa en mi opinión que deberíamos pasar a la siguiente materia cuando no nos enamoremos del tema presentado en el contexto inmediato. La literatura, la teología y la psicología me fascinan, por eso considero sus temas un llamado personal. Son mi Tinker Creek [sitio en el que puedes conocer cosas nuevas]. Aunque una salamandra me parece aburrida, la sintaxis me pone a suspirar. Me pregunto cuántas personas se creen torpes cuando no lo son, y piensan que los estudios académicos son para otros cuando en realidad son para todo el mundo. Me pregunto, cada vez que conozco a una persona que se ha pasado la vida frente a un televisor, cuál será el Tinker Creek que no habrá descubierto y qué tan lejos la podría llevar ese arroyo, a qué alturas de asombro y adoración se habría remontado.

Capítulo 14

ESPIRITUALIDAD:
UNA EDUCACIÓN ORIENTADA A LA EMPATÍA

No creo que la razón de mi espiritualidad sea el deseo de haber tenido un padre. Eso no es lo que me llevó a ser espiritual ni a creer en la Biblia. Me gusta el hecho de que Dios sea mi padre, pero lo que me condujo a la espiritualidad fue el deseo de creer que era humano, y que ser humano importaba.

Es algo característico de la gente en general, no creer que son humanos. Considero que es una lucha universal. En cierto sentido, John y yo hemos hecho una contribución desacertada con este libro. Al resaltar las luchas de la persona que crece sin un padre, hemos llevado al lector a creer que es el único en un mundo de gente bien ajustada, pero nada podría ser menos cierto. Si te sientas con tus amigos a rascarte la piel, encontrarás que ellos tienen la misma sangre que tú, el mismo hueso decadente, los mismos problemas: Los problemas de la chica rosa, los problemas del atleta destacado, los problemas del mimado malcriado. Hay un catálogo entero de casos que cada infante puede elegir desde el vientre materno.

A veces una vida humana parece no tener más significado que un pez saltando en la orilla. Retorciéndose. Fuera de su elemento. Me encantaría decirte que mi espiritualidad batalla con esta perspectiva, que el problema real en la vida es que creemos que nos estamos retorciendo cuando no es así, pero no es cierto. Mi espiritualidad, es decir, mi espiritualidad cristiana, no me dice que cierre los ojos y pretenda que la vida es hermosa y no hay problemas reales que afrontar. Me dice, por el contrario, que estoy fuera del agua y para sobrevivir tengo que encontrar otro tipo de agua. Me dice que algo sucedió hace mucho tiempo, que como resultado de ello tú y yo, John y todos los demás terminamos arrastrados en la orilla. Todos tendremos problemas y tendremos algo dañado que requiere arreglo.

John explicaría que los daños que experimentamos y que están mezclados con nuestro ADN son consecuencia directa de la caída del hombre, que el ser humano fue hecho para estar en relación con Dios pero prefirió su propio camino y Dios lo dejó ir, porque en algún punto eso es lo que el amor tiene que hacer. Es apropiado entonces que tú y yo entendamos la caída en un sentido metafórico. Por cuanto fuimos separados de nuestros padres terrenales, sabemos que influye en lo que vayamos a convertirnos.

Aquella parte de la Biblia donde dice que *si un padre terrenal sabe cómo proveer para sus hijos, cuánto más Dios sabe proveer para los suyos*, también se aplica como antítesis a nuestra situación: *Si un padre terrenal abandona a sus hijos y arruina sus vidas, ¿cuánto más destruirá a un ser humano el abandono de Dios?* Al ver la humanidad, no me queda más remedio que describir la personalidad humana como algo que fue diseñado para estar en relación con algo de lo cual fue separada. Hay una fisura o más bien un boquete que oigo en conversaciones, leo en libros, escucho en la música, interpreto con la psicología y demás. La noción de esta separación se ha vuelto obvia para mí. Tal vez quiera decirlo como una confesión, una especie de lente a través del cual veo el mundo y me quita objetividad. Mis disculpas. Necesité la realidad cuando la fantasía dejó de funcionar.

Pero esto nos deja en un dilema, ¿no es así? Un problema para ti y para mí es que nuestros padres nos abandonaron, y venir a decirte que tu padre no fue el único que te dejó sino Dios también, sería cruel. No obstante, así es como se siente. El único lado positivo, si pudiera considerarse positivo, es que no somos los únicos. Hay millones de otros peces que se retuercen junto a nosotros.

Aquí es donde John quisiera intervenir para explicarnos por qué la vida se siente de ese modo, y pedirnos creer que no hemos sido abandonados por Dios. Al parecer, Dios no es como nuestros padres terrenales, Él no nos dejó porque se hubiera hartado de nosotros. Tampoco se desvaneció lentamente de nuestra vida tras encontrar algo mejor en qué enfocar su interés. Es la raza humana que tanto le interesa, todos y cada uno de nosotros, los que nos alejamos de nuestro Hacedor. Para usar las palabras de Jesús, Él es como el Padre ansioso de ver a su hijo pródigo, anhelante de nuestro regreso. No porque sea algún dios con debilidad emocional que necesite ser afirmado por su creación, sino porque tiene un amor tan cabal y profundo por nosotros. Y cuando no regresamos, Él es como el Gran Pastor de nuestras almas que sale a buscarnos por nombre propio, así seamos la única oveja perdida.

———

DESDE QUE SALÍ de la casa de John y Terri y me mudé a vivir al centro de la ciudad, John y yo nos veíamos apenas un par de veces al año. Ya no íbamos a la misma iglesia, así que nos veíamos únicamente cuando decidíamos almorzar juntos o yo me aparecía en una de sus clases de seminario. Escribir este libro ha sido una gran bendición porque he podido verlo casi cada mes. La primera media hora nos actualizábamos con las noticias, John siempre hablaba de los niños, que Chris ya puede correr y las niñas se están poniendo muy lindas. Me cuenta que Terri está bien, que su papá ahora vive con ellos y tienen un perro nuevo. Luego hablamos de cómo me va en mi labor de escritor, no solo en este libro sino en general. Hablamos sobre la iglesia a la que asisto, la chica con quien estoy saliendo, los libros que estoy leyendo. Nos demoramos para empezar a trabajar, pero tarde o temprano abordamos algún tema teológico que necesitamos debatir.

Nuestra última reunión fue hace dos semanas. Fui a su casa y desayunamos. Terri prepara un desayuno especial los sábados, y todo eso me trajo a la memoria aquel primer fin de semana que pasé en su casa. Comimos y me puse al día con los niños, luego John dijo que nos fuéramos a trabajar en el apartamento. Desde mi salida, el espacio había sido dispuesto para los padres de Terri que van a visitar con frecuencia suficiente para justificar un cuarto propio.

—Es mucho más limpio ahora que cuando tú vivías aquí, Don —dijo John cuando llegamos al final de las escaleras; tenía razón, los muebles de la mamá de Terri eran un gran avance comparados con mi sofá estropeado y mi vieja silla; al entrar recordé los montones de ropa sucia y los días cuando Chris entraba para despertarme a las nueve de la mañana; luego pasé por la cocina y recordé los montones de platos sin lavar, y las cajas que dejé en el pasillo porque me dio pereza llevarlas al garaje.

—Incluso huele bien —dije.

—Tuvimos que contratar unos trabajadores cuando te mudaste. Requirió algunos meses de trabajo, pero finalmente fumigamos y logramos eliminar el olor —dijo John con una sonrisa.

—Oye, he cambiado —me defendí.

—Yo sé. Sé que has cambiado —dijo John.

—¿Sabes qué John?, recuerdo que un día subiste a decirme que yo cambiaría. Miraste mis montones de ropa y dijiste que llegaría el día en que ya no me gustaría vivir así. Tenías razón.

—Pensé que madurarías, Don. No sucede así con todos.

John y yo nos sentamos finalmente y empezamos a hablar sobre este último capítulo. Ambos sabíamos que el tema sería la espiritualidad y nos preguntamos en qué dirección lo tomaríamos, de qué íbamos a hablar. Tienes que saber que John creció con un padre que no abandonó a su familia. Todos lo llamamos papá Mac y ha vivido en la casa desde que el huracán Katrina pasó por Louisiana y Mississippi. John voló a Mississippi, donde vivía papá Mac, y le explicó que tenía que empacar lo que pudiera en el auto alquilado porque no podía quedarse a esperar la tormenta. Papá Mac empacó unas cuantas posesiones, una colección de monedas y unas mudas de ropa, y ambos escaparon a escasas horas del paso del huracán. Al final de todo, la casa de papá Mac quedó en pie pero él no regresó. Casi había perdido el oído por completo y John no quería que viviera solo, así que convirtió el cuarto de juegos de los niños en un dormitorio, y ahora él vive en la casa con los MacMurray.

Digo todo esto porque sabía que John no entendería por experiencia propia lo que yo quería escribir acerca de Dios. El sentimiento que una persona tiene cuando ha crecido sin un padre es que no le interesa a Dios. Es un sentimiento difícil de explicar porque también creo que Dios es amoroso, bueno y participa activamente en nuestros asuntos. Pero queda una duda, una sensación de que Él de algún modo se mantiene a distancia. Era el último asunto que quería discutir.

—Creo que mi duda ocasional es que Dios tal vez esté más interesado en otras cosas o en otras personas —afirmé.

—¿Así es como te sientes respecto a Dios? —preguntó John.

—Sí, un poco. En algunas ocasiones.

—Y conectas esa duda con el hecho de haber crecido sin un papá.

—Sí. No es algo que habría reconocido antes, pero es cierto. Hay ocasiones en las que veo a Dios como veía a los papás de mis amigos cuando era niño. Al fin de cuentas, Él tiene su propia familia que cuidar. Él a veces es para mí como un buen mentor que veo en la iglesia de vez en cuando.

—Bueno —dijo John—, eso es interesante y muy comprensible por cierto.

—No es que esté pasando por una crisis de fe —aclaré—, es una sensación que a veces me da.

—Sí, porque yo sé que tú realmente crees que Dios quiere ser tu Padre.

—Es una contradicción, lo sé. También sé que en la medida en que yo he perseverado con Él, como dándole el beneficio de la duda, Él ha bendecido mi vida. Siempre ha cuidado de mí.

—Creo que eso es maravilloso, Don. ¿Sabes cuál es la razón por la que Dios quiere ser tu Padre? ¿Cuál es su motivo para hacer lo que hace? Es porque sí le interesas. Las Escrituras emplean la palabra hebrea *heded* que se traduce usualmente «fidelidad». En esencia, significa *amor leal*.

—Amor leal —repetí—. Y eso lo creo, tú sabes. De verdad que sí. Yo creo que el carácter de Dios es bueno. Lo que pasa es que...

—Lo que pasa es que sientes que eres una carga para Él —dijo John y yo asentí con la cabeza.

—Eso es comprensible. Ese es el mensaje que recibiste de tu papá biológico. Pero tienes que saber, Don, que para Dios no eres una carga. Él se deleita en nosotros. Él defiende la causa de los huérfanos y las viudas.

—Sí, y yo lo sé a un nivel intelectual, de hecho lo creo con firmeza. Pero hay ocasiones en las que Él pareciera ausentarse.

—Mira Don, creo que para ti sería difícil no luchar con ese sentimiento. Y el hecho de que no puedas ver a Dios y hablar con Él así como tú y yo hablamos ahora, lo hace todavía más difícil. Pero a Dios le encanta oír nuestras oraciones —afirmó John—. A Él le encanta oírnos hablar más de lo que nos gusta hablarle. La Biblia dice que Dios se deleita en las oraciones de sus hijos. El problema con nosotros es que podemos creer cosas que no son ciertas. Es decir, podemos creerlas en lo profundo de nuestro ser. Por eso, creo que lo primero que cualquier persona necesita hacer es aprender a confiar que cuando Dios dice que le encanta oírnos hablarle, podemos creer lo que Él dice y actuar de conformidad con esa creencia.

—¿Entonces tú te mandas a ti mismo a creer? —cuestioné.

—Sí y no. Quiero decir, es mucho más que eso. No es auto-sugestión. Yo veo a Dios en la creación, en mi familia, en mis hermanos y hermanas, en mi familia espiritual, todo eso. Pero a nosotros también nos corresponde edificar la fe de manera intencional. Piensa en los salmos de David. El salmista se pregunta en voz alta dónde estará Dios y a veces le acusa de abandonarle, pero cuando medita y repasa la verdad sabe en su mente que es la verdad y vuelve a la fe. El problema, Don, es que si el conocimiento se queda en tu cabeza nunca funcionará. Tenemos que vivirlo en la práctica, eso es lo que hace crecer nuestra fe. Es como en cualquier relación, tienes que compenetrarte, tienes que dejar que la relación te cambie. Eso lo hacemos con nuestra obediencia a Dios. Nos sometemos a Él como un niño a su papá. La Biblia dice que si amamos a Dios obedeceremos a Dios. Nuestras fallas ocasionales y nuestros desastres repetidos no niegan la verdad de eso. Es pura causa y efecto. Mucha gente lo pone al revés y convierten el asunto en una relación disfuncional de padre e hijo. Obedecemos porque no queremos meternos en líos. Obedecemos porque queremos la aprobación de papá. Tratamos la obediencia como causa y el amor como efecto, pero así no funciona. Tarde o temprano llega el momento de tragarnos el orgullo. El amor viene primero.

—¿Crees que esos sentimientos perduran? ¿Los sentimientos de duda? —pregunté.

—No, Don, creo que puedes tenerlos ocasionalmente, pero al fin de cuentas es como me sucede con mis hijos. Ellos aprenden a confiar en mí. Les digo que voy a hacer algo, lo cumplo y su confianza crece. Así sucede con Dios. Tú confías más en Él que antes, ¿no es así?

—Sí.

—Y eso va a seguir creciendo. Eres joven y te queda mucha vida por delante. Algo importante que necesitas recordar es que ya sabes qué hacer, y es confiar en Él, creerle y darle, como dijiste, el beneficio de la duda, o como yo diría, tener fe. La duda disminuirá.

—Eso sería estupendo. Creo que sería muy liberador —dije.

—Definitivamente, pero Don, creo que seguimos buscando una fórmula rápida para arreglar los problemas. Las relaciones no funcionan así, siempre tenemos que iniciarlas con fe y poco a poco se van fortaleciendo al mismo tiempo que nos van cambiando.

Medité un minuto en lo que John acababa de decir. Luego traté de aclararlo, en busca de una ratificación definitiva:

—Entonces, ¿Dios no está desinteresado? ¿No está ocupado en otros asuntos?

—No en absoluto. No el Dios de las Escrituras, Don —dijo John con una sonrisa conocedora.

—¿Ni siquiera en ciertas ocasiones? —le devolví la sonrisa.

—No desde que aprendiste a limpiar tu habitación —declaró John seriamente, y luego dejó escapar una sonrisa.

—No vayas a poner eso en el libro —me advirtió.

———

JOHN Y YO terminamos nuestra conversación aquella noche, y al hacerlo tuvimos nuestra última reunión concerniente a este libro. Al regresar al área principal de la casa, John me dijo que quería reunirse conmigo cada mes para que siguiéramos hablando. Le dije que no era necesario, que ya tenía todo lo que necesitaba para completar el libro. Confieso que me complací mucho al oírle reír y decir que no tenía que ver con el libro, que solamente quería saber cómo me estaba yendo, para mantener viva la amistad. Eso significó el mundo para mí. Me despedí de Terri, de los niños y de papá Mac, y le dije a John que lo llamaría. Cuando salí para irme en mi auto, di una mirada alrededor del lugar, al Monte Hood y a la ventana de mi antigua habitación. Es cierto que no me sentía como la misma persona que fui mientras viví en ese lugar. Todo lo que John había dicho que Dios haría, Él lo hizo. Me estaba llevando a la madurez. En el largo viaje de vuelta a casa seguí pensando en el hecho de que Dios nunca me había abandonado y me reconforté en los hechos de las Escrituras. No digo que no siga luchando con esas cosas porque así es, pero podría decirse que lucho menos.

———

PERO QUEDÉ todavía con aquella inquietud inicial: ¿Cómo puede Dios permitir que sucedan cosas tan difíciles? Tú y yo conocemos la herida de crecer sin un padre, pero me refiero a todas las demás heridas y penurias que enfrentan los seres humanos, muchas de las cuales son más dolorosas que la nuestra.

Un bálsamo para la herida de esa inquietud vino a través de un libro que había estado leyendo titulado *Country of My Skull* [El país de mi calavera] de Antjie Krog. El libro trata acerca de la Comisión para la Verdad y la Reconciliación en Sudáfrica. La CVR fue una comisión establecida por Nelson Mandela para escuchar y tratar de reconciliar al país después de las atrocidades del sistema que separó a los habitantes y benefició a los de origen europeo. El relato era impresionante, un grupo de hombres y mujeres oían a sus compatriotas en horas interminables de testimonio tan aterrador y violento que engendraba sentimientos de desesperanza.

No obstante, supe mientras lo leía que Dios me estaba hablando en esas páginas. Antes que se estableciera la comisión, unos representantes del gobierno preguntaron al obispo Desmond Tutu qué clase de persona debería considerarse para un puesto en la comisión, y Tutu respondió en esencia que la comisión debería estar compuesta por víctimas, personas cuyas vidas habían sido devastadas por los horrores de la opresión. Pero también aclaró que no deberían ser víctimas arrogantes ni sedientas de venganza. Tutu dijo en voz suave que deberían ser personas con la autoridad de aquellas experiencias terribles, experiencias que les educasen hacia la empatía, de tal modo que todavía les quedara en el corazón la voluntad de perdonar. Dijo además que eso podría lograrse únicamente por medio de una vida con fuertes fundamentos espirituales. Los integrantes de la comisión iban a ser sanadores heridos.

Ya había escuchado el término *sanador herido*. Pero nunca lo había aplicado a mi vida. Nos hace preguntar si Dios realmente llama a personas específicas que tengan un dolor específico a ejercer la autoridad de la empatía. Al fin de cuentas, la experiencia es la mejor educación. Nosotros somos los que luchamos con la confianza personal, los que tenemos que sobreponernos a nuestro temor a la intimidad, los que aprenderemos la dura tarea de quedarnos junto a una mujer y nuestros hijos, los que seremos mentores de otros en el dificultoso viaje de la vida, rescatándoles quizá de lo mismo que hemos sido rescatados.

Supe, incluso mientras leía el libro de Antjie Krog, que si esas personas en Sudáfrica que habían sufrido males abominables podían elevarse en dignidad, Dios no esperaría menos de ti y de mí tras haber experimentado un dolor inferior. También creo que la sabiduría del obispo Tutu es un pensamiento apropiado para terminar este libro. La oración de John y yo por ti y por los millones que han sido abandonados por sus padres, es que no seamos víctimas arrogantes sino sanadores heridos.

RECONOCIMIENTOS

John y yo queremos dar las gracias a la gente que trabaja en NavPress pues fueron extraordinarios con su paciencia y asistencia para completar este libro; gracias a Nicci Hubert, Steve Parolini, Don Simpson, Dan Rich, Terry Behimer, Darla Hightower, Arvid Wallen y Pat Reinheimer.

John, gracias por el inmenso placer. Sentarme a hablar contigo sabiendo que tenías mejores cosas que hacer con tu tiempo, es algo que únicamente puedo aceptar como un regalo de la gracia. No te lo puedo pagar, pero pasaré ese acto de bondad a otra persona porque sospecho que es todo lo que quieres. También expreso una gratitud especial a Terri, Chris, Elle y Cassy MacMurray, que me dejaron vivir en su casa y me aceptaron como otro miembro de su familia. Dios es bueno, y ustedes son toda la evidencia que necesitamos.

Es difícil imaginarse una persona que pueda hacer un mejor trabajo en la expresión de amor en medio de grandes dificultades que mi mamá. No escribí mucho acerca de mamá en este libro porque ella se merece uno aparte. Después que mi hermana y yo salimos del hogar, mi mamá, que ya había cumplido los cincuenta, se matriculó en una universidad a distancia y sacó tanto su título universitario como su maestría. Mamá, eres el ejemplo más grande que podría tener cualquiera, y te estoy profundamente agradecido.

Un agradecimiento especial para David Gentiles, Tara Brown, Jordan Green, David Allen, Jim Chaffee, Kathy Helmers, Rick McKinley, Tony Kriz, Kurt y Donna Nelson, Kaitie Nelson, Randy Alcorn, Jeff Foxworthy, Ernie Johnson, Tim Cash, Leonard y Elizabeth Sweet, Blake Gaskill, Grant Gaskill, Greg Spencer y Gregg Harris por su ayuda y ánimo. También a Dan, Matt, Charlie y Stephen por permitirme ser parte de sus campañas y leer porciones del libro a su maravilloso público. Nadie debería recibir esa clase de honor. Agradezco a John Eldredge, cuyo campamento Salvaje de Corazón suministró una experiencia de sanidad necesaria para profundizar en estos asuntos.

Mientras escribí escuché el nuevo álbum de Derek Webb, Mockingbird y la música de Sara Groves, Jars of Clay, U2, Johnny Cash, Lyle Lovett, Gary Jules, Ray Charles, Bob Schneider, Ryan Adams, Dan Bern, Willie Nelson, Jeff Buckley, Ben Harper, The Waterboys, Mark Knopfler, Mogwai, Kanye West, The Alarm, Big Head Todd, Audioslave, The Blind Boys of Alabama, Beck y Bruce Springsteen.

Te doy gracias por leer este libro. Significa mucho para nosotros y estamos agradecidos. John y yo tenemos trabajos similares porque ambos tratamos de capturar lo que Dios hace y plasmarlo en el papel. Si no fuera por ti nos tocaría buscar empleo manejando buses o transbordadores, y eso pondría mucha gente en peligro.

John y yo hemos dedicado este libro a los hombres que sirven como mentores a otros más jóvenes. Gracias por el tiempo que han invertido, por su interés, su paciencia y sus oraciones. Su intervención promueve la sanidad en maneras que tal vez nunca logren entender. Queremos expresarles todo nuestro aprecio y la bendición plena de Dios.

ACERCA DE LOS AUTORES

DONALD MILLER es el creador de la Fundación Belmont, una entidad comprometida a ayudar a madres solteras y proveer mentores para hijos sin papás, y es el director de *The Burnside Writers Collective*, una publicación en Internet cuyo contenido se renueva ocasionalmente y se propone suministrar material de lectura para gente que supuestamente está trabajando. Es el autor de *Tal como el jazz, Searching for God Knows What* y *Through Painted Deserts*. Don vive y trabaja en Portland, Oregon.

JOHN MACMURRAY tiene una maestría del Western Seminary y ha enseñado la Biblia más de veinticinco años. Durante casi dos décadas se ha ganado la vida como fotógrafo de paisajes naturales. Sus imágenes han aparecido en *National Geographic, Sierra Club, Audubon* y otras publicaciones. John vive en la costa pacífica del noroeste con su esposa Terri y sus tres hijos, Chris, Elle y Cassy. La labor fotográfica de John puede apreciarse en sus dos libros: *By Chance? Landscapes from the Canvas of the Creador* [¿Al azar? Paisajes del lienzo del Creador] y *The Call of Creation: Nature's Invitation to*

Worship [El llamado de la creación: La invitación de la naturaleza a la adoración].

Para mayor información acerca de los autores, visite por favor:
   Donald Miller: www.donaldmillerwords.com
   John MacMurray: www.creationcalendars.com

Otro sitio de interés:
   www.burnsidewriterscollective.com

Busque la lista de música I-Mix en I-Tunes titulada «To Own a Dragon» que contiene las canciones seleccionadas por Don mientras puso los toques finales a este libro.

LA FUNDACIÓN BELMONT

www.belmontfoundation.org

63% de los suicidios de jóvenes provienen de hogares sin un papá. Cinco veces el promedio. (Dep. de Salud y Censo de los Estados Unidos).

85% de todos los niños con desórdenes de la conducta provienen de hogares sin un papá. Veinte veces el promedio. (Centro para el Control y la Prevención de Enfermedades)

80% de los violadores con problemas de ira vienen de hogares sin un papá. Catorce veces el promedio. (Justice & Behavior, Vol. 14, pp. 403-426)

71% de todos los desertores de la secundaria vienen de hogares sin un papá. Nueve veces el promedio. (Informe de la Asociación Nacional de Rectores de Colegios)

75% de todos los pacientes adolescentes en centros de tratamiento de abuso de sustancias químicas vienen de hogares sin un papá. Diez veces el promedio. (Rainbows for All God's Children)

70% de los jóvenes internados en instituciones manejadas por el estado vienen de hogares sin un papá. Nueve veces el promedio. (Dep. de Justicia de los Estados Unidos, septiembre de 1988)

85% de todos los jóvenes encarcelados vienen de hogares sin un papá. Veinte veces el promedio. (Condado de Fulton, Georgia y Dep. Correccional de Texas)

The Belmont Foundation [La Fundación Belmont] es la organización sin fines de lucro de Donald Miller para proveer modelos de conducta a niños que crecen sin padre. Para aprender más sobre lo que usted puede hacer para contribuir, por favor, visite www.belmontfoundation.org.